같은 길,
다른 길

같은 길, 다른 길

발행일 2021년 2월 4일

지은이 유상민
펴낸이 손형국
펴낸곳 (주)북랩
편집인 선일영　　편집 정두철, 윤성아, 배진용, 이예지
디자인 이현수, 김민하, 한수희, 김윤주, 허지혜　　제작 박기성, 황동현, 구성우, 권태련
마케팅 김회란, 박진관
출판등록 2004. 12. 1(제2012-000051호)
주소 서울특별시 금천구 가산디지털 1로 168, 우림라이온스밸리 B동 B113~114호, C동 B101호
홈페이지 www.book.co.kr
전화번호 (02)2026-5777　　팩스 (02)2026-5747

ISBN 979-11-6539-605-3 03230 (종이책)　　979-11-6539-606-0 05230 (전자책)

마가복음과 함께하는
40일간의 가정예배

같은 길, 다른 길

유상민 지음

가고 싶은 길이 있고, 가야할 길이 있습니다.
어느 길을 가야 할까요?
지금 우리는 어떤 길을 가고 있을까요?

언택트 시대의 교회에서 사순절을 지키기 위한 가정예배,
그 40일간의 기록

북랩 book Lab

서 문

묵상을 시작하며

초대교회는 매 주일을 부활을 위한 축제의 날로 삼고 예배를 드렸습니다. 그들은 주일을 작은 부활절(Little Easter)이라 불렀습니다. 그들의 예배에는 항상 부활의 기쁨과 감사가 넘쳤습니다. 특히 1년 중 예수님이 부활하신 바로 그 주일(Big Easter)에는 새로운 생명과 구원을 주신 예수 그리스도를 기억하며 세례를 베풀었습니다. 전통적으로 교회는 1년 중 부활주일을 세례받기에 가장 적합한 날로 여겼습니다.

초대교회는 부활주일을 맞이하기 위해서 특별히 준비하는 기간을 가졌는데 그 기간이 오늘날 사순절의 시작이라고 볼 수 있습니다. 이 기간에 초대교회 성도들, 특히 부활주일에 세례받을 사람들은 그리스도의 고난을 묵상하며 금식하고 회개하는 시간을 가졌습니다.

부활주일을 준비하는 기간이 처음부터 40일이었던 것은 아닙니다. 기록에 의하면 처음 1세기에는 준비 기간이 단 40시간에 지나지 않았습니다. 이는 예수님께서 무덤 속에서 40시간 동안 있었던 것을 기억하기 위한 것입니다. 그러던 것이 3세기에 와서는 부활주일 전 한 주간을 준비하는 기간으로 보냈고, 나중에는 30일로 연장했으며, 주후 325년 니케아 종교회의에 이르러 비로소 40일을 준비하는 기간으로 정했습니다.

물론 사순절이 세례받을 사람들만을 위한 기간은 아니었습니다. 세례와 상관없는 성도들도 이 기간에 주님의 고난을 묵상하며 자기를 부인하고 회개하는 일을 했습니다. 특히 성 목요일을 참회와 화해의 날로 정했습니다. 이날은 교회에 죄를 짓고 출교당한 사람들이 회중 앞에서 자신들의 죄를 고백하고, 회중들은 그들을 받아들이는 화해의 의식을 행했습니다. 그러므로 사순절을 단순히 그리스도의 고난과 십자가의 죽음을 기념하는 기간으로만 제한하는 것은 잘못입니다. 사순절은 어떤 사람에게는 세례를 위한 준비 기간으로, 어떤 사람에게는 하나님 혹은 사람들과 화해하는 기간으로, 그리고 또 어떤 사람에게는 그리스도 안에서 내가 누구인가 하는 정체성을 새롭게 확인하고 정립하는 기간으로서의 의미가 있는 것입니다.

이런 의미를 생각하며 많은 교회가 매년 사순절을 지킵니다. 이 기간에 특별 새벽기도 모임을 갖기도 하고, 세례자를 위한 교육 과정을 개설하기도 합니다. 개인적으로 금식을 하는 사람도 있고, 이런저런 실천 목록을 만들어 지키는 사람도 있습니다. 그런데 지난해에는 대부분의 교회가 사순절을 제대로 지키지 못했습니다. 코로나19라는 뜻밖의 사태에 직면했기 때문입니다.

이런 상황 속에서 우리 교회는 사순절 동안 매일 가정예배를 드렸습니다. 거기에는 사순절에 아무것도 하지 않을 수 없다는 강박이 있었고, 코로나19로 인해 교회에서 드릴 수 없는 예배를 가정예배로 대신해 보자는 의도도 있었습니다. 사순절 동안 매일 마가복음을 묵상하면서 예배 자료를 만들었고, 그것을 다시 음성 파일로 만들어서 교우들 가정에 보냈습니다. 그러면 교우들은 그것으로 각 가정에서 가족들과 함께 예배를 드렸습니다.

결과적으로 풍성한 은혜가 있었습니다. 사순절 내내 교회의 공적 예배는 비대면 영상예배로 드렸지만, 각 가정에서는 매일 가족이 서로 대면하며 예배를 드렸습니다. 그곳이 모두 우리들의 교회였습니다.

그렇게 매일 마가복음 말씀을 묵상하고, 가족과 함께 예배를 드렸습니다. 개인적으로는 오랜 친구 홍성용 목사의 마가복음 강해 6권 전권을 읽으면서 좋았습니다. 2020년 사순절을 우리는 그렇게 보냈습니다. 보이는 상황은 코로나19로 힘들었지만, 보이지 않는 주님을 따르는 순간순간 은혜가 있었고, 그 은혜에 새로운 힘을 얻었습니다.

어느덧 1년이 지나고 2021년입니다. 올해도 상황은 작년과 다르지 않습니다. 우리는 아직도 코로나19와 싸우는 중입니다. 올해는 부활주일 예배만이라도 교우들과 함께 예배당에 모여서 드릴 수 있으면 좋겠습니다.

2021년 사순절을 준비하며 작년 사순절 기록을 꺼내 책으로 엮었습니다. 이 책은 가정예배를 드리며 10분 정도 설교할 수 있는 설교집이자 마가복음 묵상집입니다. 개인적으로 읽어도 좋고, 가정예배에서 설교와 기도로 활용해도 좋습니다. 묵상 순서는 성서유니온에서 발간되는 매일성경(2020년 3~4월)의 진도를 따랐습니다. 아무쪼록 이 글을 읽는 모든 분들 위에 주님의 은총이 함께하시기를 바랍니다.

사순절 내내 같은 본문과 말씀으로 예배드리며 피드백을 나누었던 한우리교회 교우들께 고맙습니다. 우리 교회 이경득 장로님이 자주 하는 말처럼 '언제나 주님이 옳으십니다'!

유상민 목사

차 례

첫 번째 날

주께서 원하시면 깨끗해질 수 있습니다

마가복음 1:35-45

오늘은 사순절 첫 번째 날입니다.

국가적으로도 그렇고 전 세계적으로도 어려울 때에 맞이하는 사순절입니다. 코로나바이러스로 이 땅의 모든 사람이 고통당하고 있습니다. 특히 교회는 예배당 폐쇄라는 유례없는 어려움에 처했습니다. 지금 우리가 당하는 모든 일들 속에 하나님이 주시는 메시지가 있을 것입니다. 그러므로 우리는 2020년 사순절을 보내며 이 시대를 향하신, 그리고 오늘 우리를 향하신 하나님의 음성에 더욱 귀기울일 수 있어야 합니다.

오늘 우리가 읽은 말씀은 마가복음 1:35-45절 말씀입니다.

예수님께서 제자들과 함께 갈릴리의 온 마을을 다니며 복음을 전하셨습니다. 예수님께서는 이 일을 위해 이 땅에 왔다고 하셨습니다. 예수님은 귀신을 내쫓으셨고, 병든 사람을 고쳐 주셨습니다.

특히 예수님은 모든 사람이 기피하는 나병 환자에게도 손을 내밀어 그를 만져 주셨습니다. 나병은 가족은 물론, 다른 모든 공동체로부터도 격리되어야 하는 병입니다. 유대인들이 나병 환자와 접촉하는 것은 율법으로 금지되어 있었습니다. 그런데 예수님은 나병 환자를 만져 주셨습니다. 유대의 공동체는 나병 환자를 격리함으로써 자신들의 정결함을 유지하려 했지만, 예수님께서는 그를 정결케 하심으로 다시 공동체의 일원이 되게 하셨습니다.

지금까지 코로나19로 격리된 사람이 3,736명이라고 합니다. 앞으로 격리될 사람은 더 늘어날 것입니다. 예수님께서 격리된 사람들과 코로나19로 두려워하는 사람들을 모두 만져주시고, 치료해 주시기를 기도합니다.

40절에서 나병 환자는 예수님께 나와서 "원하시면 저를 깨끗하게 하실 수 있나이다"라고 했습니다. 그렇습니다. 주께서 원하시면 우리 모두를 깨끗하게 하실 수 있습니다. 주께서 원하시면 우리 모두를 질병의 고통으로부터 구원하실 수 있습니다. 그러므로 우리는 두려워 떨 것이 아니라 주님 앞에 나와 그분의 도움과 긍휼을 구해야 할 것입니다.

예수님께서는 날이 밝기도 전에 한적한 곳을 찾아가 기도하셨습니다. 35절 말씀입니다. "새벽 아직도 밝기 전에 예수께서 일어나 나가 한적한 곳으로 가사 거기서 기도하시더니" 지금은 우리가 더욱 기도할 때입니다. 교회의 모든 주중 모임이 취소되고, 주일 모임까지 위협받는 이때 우리는 어떻게든 주님을 찾아 나와 기도해야 합니다. 그것이 우리의 소망입니다.

그러므로 오늘 하루 주님을 만날 시간과 장소를 정하십시오. 그리고 그곳에서 하나님의 긍휼을 구하며 기도하십시오. 어려운 사람을 찾아가 그들을 위로하고 도와주십시오. 우리는 이 일을 위해 보내진 사람들입니다.

주께서 우리와 함께하십니다.

기도

사랑이 많으신 하나님 아버지, 오늘부터 사순절을 시작합니다. 앞으로 40일간 주께서 행하신 일들과 주께서 당하신 고난과 죽음을 묵상하며, 우리도 주께서 가신 그 길을 본받고 따라가려고 합니다. 우리에게 은혜를 베풀어 주옵소서. 특히 우리는 지금 코로나19의 위협에 두려워하고 있습니다. 일상의 평안은 깨졌고 이웃과의 교제도 중단되었습니다. 교회에서도 성도들이 서로를 경계합니다. 그러나 주께서 원하시면 우리를 깨끗하게 하실 수 있습니다. 주께서 만져주시면 우리는 다시 평화를 회복할 수 있습니다.

사랑이 많으신 하나님 아버지, 우리를 긍휼히 여겨 주옵소서. 주님의 긍휼하심 속에 오늘 하루 우리가 담대히 살게 하시고, 주님의 긍휼의 마음으로 오늘 하루 우리가 사람들을 대하게 하여 주옵소서. 이 시간도 병든 자들에게 주님의 은총을 베풀어 주시고, 코로나19로 인해 불철주야 수고하는 모든 이들에게 새 힘을 더하여 주옵소서.

예수 그리스도의 이름으로 기도드리옵나이다. 아멘.

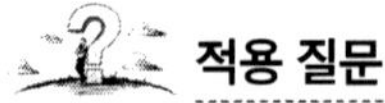

적용 질문

나의 소명은 무엇입니까? 나는 오늘 주어진 소명을 위해 무엇을 할 수 있습니까?

두 번째 날

사랑과 헌신

마가복음 2:1–12

오늘은 사순절 두 번째 날입니다. 예수님과 함께하는 행복한 동행입니다.

오늘은 마가복음 2:1-12절까지 말씀을 읽었습니다.

예수님께서 침상에 누운 채 들려온 중풍 병자를 고쳐주셨습니다. 예수님께서는 그의 병을 고쳐주셨을 뿐 아니라 그의 죄도 용서해 주셨습니다. 예수님께는 능히 그럴만한 능력이 있었습니다.

중풍 병자는 혼자서는 할 수 있는 일이 없습니다. 누군가 도와주지 않으면 혼자서는 아무것도 할 수 없습니다. 설사 그가 예수님께 나오고 싶어도 혼자서는 그럴 수 없습니다. 그래서 중풍 병자의 상황은 절망입니다. 그런데 그의 주변에 좋은 사람들이 있었습니다.

사람들이 중풍 병자를 메고 예수님께 나왔습니다. 본문 3절입니다. “사람들이 한 중풍 병자를 네 사람에게 메워 가지고 예수께로 올새” 오늘과 똑같은 상황을 누가복음 5:18절에서는 ‘사람들이 중풍 병자를 침상에 메고 왔다'고 기록했습니다. 그러니까 중풍 병에 걸려서 아무것도 할 수 없는 사람을 그가 누운 침상 채 메고 예수님께 나온 것입니다. 그리고 예수님은 그들의 믿음을 보시고 중풍병자의 병을 고쳐주셨고, 그의 죄까지도 용서해 주신 것입니다. 중풍 병자를 메고 예수님께 온 네 명의 사람들은 중풍병자에게 얼마나 고마운 사람들이었을까요?

기록에 의하면 서기 165년과 251년에 로마 제국에 거대한 역병이 있었다고 합니다. 어떤 의학 사가들은 이 역병에 대해 서구 최초로 천연두가 출연했던 것이 아닐까 의심하기도 합니다. 아무튼 165년에 역병이 돌기 시작해서 15년 동안 로마 제국 전체 인구의 무려 1/4에서 1/3이나 되는 사람들이 죽었다고 합니다. 로마의 황제였던 마르쿠스 아우렐리우스도 이 역병으로 죽었다는 기록이 있습니다.

그 후 251년에 동일한 파괴력을 가진 역병이 돌아서 로마의 한 지역에서만 하루에 5천 명씩 죽기도 했다고 합니다. 당시 역병으로 죽은 사람이 얼마나 많았던지 디오니시우스라는 알렉산드리아의 주교는 '모세 시절의 이집트처럼 집집마다 한 명씩만 죽었다면 얼마나 좋았겠느냐'고 했다고도 합니다. 당시 로마 제국에 있는 집집마다 가족 중 단 한 사람만 죽은 집은 하나도 없었다는 것입니다. 그 집이 도시에 있건 아니면 시골에 있건, 모든 집에서 한 명 이상의 사람들이 죽었다는 것입니다. 얼마나 무서운 일입니까?

이 때 로마제국의 사람들은 어떤 사람에게 질병이 생기면 그 사람을 즉시 내쫒았고, 그의 가장 가까운 사람, 그러니까 그의 가족들부터 그에게서 멀리 도망을 쳤다고 합니다. 역병에 걸린 사람은 죽기도 전에 거리에 내버려졌고, 매장하지 않은 시신을 흙처럼 취급했다고도 합니다.

그런데 그들과는 전혀 다르게 행동하는 사람들이 있었습니다. 바로 초기 교회의 성도들입니다. 초기 교회의 성도들은 역병으로 죽어가는 사람들을 찾아가 끝까지 간호했고, 역병으로 죽은 사람들을 매장하기 위해서 자기들의 사비를 아끼지 않았다고 합니다. 그래서 로드니 스타크라는 사회학자는 초기 기독교가 급격하게 성장할 수 있었던 것은 로마 제국에 있었던 두 차례의 무서운 역병에서 보여준 기독교인들의 헌신과 사랑이 원인이라고 보기도 합니다. 당시 기독교 인구는 로마제국 전체 인구의 0.4%밖에 되지 않았는데, 그들의 사랑과 봉사가 로마 제국 전체를 뒤흔들어 놓은 것입니다.

여기에서 더 놀라운 사실이 있습니다. 두 번에 걸친 역병으로 로마 제국 전체 인구의 30%가 죽었는데, 기독교 인구는 불과 10%밖에 죽지 않았다는 것입니다. 그 당시 로마 제국의 사람들은 역병에 걸린 사람을 피해 도망다니고 역병 걸린 사람들을 철저히 외면했는데도 30%가 죽었고, 초기 교회의 성도들은 역병에 걸린 사람들을 찾아가 그들을 간호하고 심지어 죽은 사람의 장례까지 치러 줬는데 10%밖에 죽지 않았다는 것입니다. 어떻게 이런 일이 있었던 것일까요? 거기에는 의사들의 해석이 있고 사회학자들의 해석도 있지만, 우리들의 해석은 하나님께서 초기 교회 성도들을 특별히 도우신 것이라고밖에는 볼 수 없습니다(로드니 스타크, 기독교의 발흥).

사랑하는 성도 여러분! 여러분은 요즘 잘 지내십니까? 어제도 코로나19의 확산이 무서웠습니다. 현재까지 4,812명의 확진 환자가 발생했고, 그 가운데 스물여덟 명이 죽었습니다. 전국의 유치원과 초등학교, 중·고등학교가 이미 개학을 한 주 연기했는데, 어제 두 주를 추가로 더 연기했습니다. 그만큼 지금 상황이 좋지 않다는 반증일 것입니다. 사람들은 두려워서 밖에 나가지도 않고, 코로나19로 죽은 사람들은 장례도 제대로 치르지 못한다고 합니다. 이러한 때에 성도인 우리는 어떻게 살아야 할까요?

오늘 성경에 등장한 네 사람은 중풍 병에 걸린 한 사람을 위해서 무한히 헌신하고 봉사했습니다. 초기 교회의 성도들은 무서운 역병이 돌았을 때 앞장서서 병든 사람들을 도왔습니다. 그러면 오늘 우리 성도들은 어떻게 해야 할까요? 그저 나와 내 가족의 안전만을 생각하면서 꼭꼭 숨어 있을 수만은 없는 것 아닐까요? 다른 사람에게 피해를 주지 않기 위해서 잠시 교회의 문을 닫을 수는 있습니다. 그러나 그것이 우리가 지금 아무것도 하지 않아도 된다는 것은 아닙니다.

사랑하는 성도 여러분! 오늘은 우리 주위를 둘러보고, 우리가 그리스도의 사랑으로 봉사하고 헌신할 일이 무엇인지 생각해봅시다. 그리고 혹시 우리가 할 일이 있으면 그리스도의 사랑으로 그 일을 하면서 살아봅시다. 가장 먼저 어려움을 당한 사람들을 위해 기도할 수 있고, 그 사람에게 전화하거나 문자를 주어서 위로할 수도 있을 것입니다. 혹시 집에 마스크의 여유가 좀 있으면 그것을 정말 필요로 하는 사람과 조금 나눌 수도 있고, 혹시 집에 자가격리된 사람이 있어서 기본적인 생활이 불편한 사람이 있다면 간식을 만들어다 줄 수도 있을 것입니다. 아무튼 지금은 우리 성도들이 그리스도의 사랑으로 세상을 보고, 그리스도의 헌신으로 세상에 나가야 할 때입니다.

오늘 하루 여러분들은 이 사실을 고민해 보시기 바랍니다. 그리고 어떤 사랑과 수고가 있었는지 밴드에서 나눠 주시기 바랍니다.

기도

자비로우신 아버지 하나님, 오늘도 우리에게 새 생명을 주셔서 감사합니다. 그러나 지금 우리는 큰 고통 가운데 있습니다. 코로나 바이러스로 많은 사람이 병들었고 죽은 사람들도 있습니다. 정부와 관련 단체들이 나서서 바이러스의 확산을 막기 위해 총력을 기울이지만 그 힘의 한계를 느낍니다.

사랑이 많으신 하나님 아버지, 우리를 긍휼히 여겨 주옵소서. 우리를 살펴 주옵소서. '혹 내가 하늘을 닫고 비를 내리지 아니하거나 혹 메뚜기들에게 토산을 먹게 하거나 혹 전염병이 내 백성 가운데 유행하게 할 때에 내 이름으로 일컫는 내 백성이 그들의 악한 길에서 떠나 스스로 낮추고 기도하여 내 얼굴을 찾으면 내가 하늘에서 듣고 그들의 죄를 사하고 그들의 땅을 고칠지라'고 약속하신 하나님 아버지, 오늘 우리가 우리 죄를 회개하며 기도하오니 우리 죄를 사하시고 이 땅을 고쳐 주옵소서. 이 땅에 고통당하는 사람들을 위로하여 주옵시고, 무엇보다 우리 성도들이 그리스도의 사랑과 봉사로 이 땅을 섬기며 살게 하여 주옵소서.

이 시간 병든 자들을 주님의 이름으로 치료하여 주시고 마음이 불안하고 힘든 자들에게 용기와 담대함을 허락하여 주옵소서.

예수 그리스도의 이름으로 기도드리옵나이다. 아멘.

적용 질문

오늘 내가 돌보아야 할 사람은 누구입니까? 그 사람을 위해 나는 오늘 무엇을 할 수 있습니까?

세 번째 날
죄인을 위해 오셨습니다

마가복음 2:13–28

할렐루야, 오늘은 사순절 세 번째 날입니다. 오늘도 예수님과 함께하는 행복한 동행입니다.

여러분은 어제 하루를 어떻게 지내셨습니까? 그리스도의 사랑과 헌신으로 어제 하루 어떤 삶을 사셨습니까? 어제 여러분의 도움을 받고 고마워한 사람은 있습니까? 어제 우리가 말씀을 묵상하며 다짐한 내용대로 여러분은 최선을 다해 사셨습니까?

오늘 말씀을 보시겠습니다. 오늘 우리는 마가복음 2:13-28절 말씀을 읽었습니다. 예수님께서 레위를 부르시고, 그의 집에서 많은 세리와 죄인들과 함께 음식을 잡수셨습니다. 그 모습을 바리새인들은 좋아하지 않았습니다. 바리새인들은 제자들을 통해 예수님께 항의했습니다. 어떻게 예수님이 세리와 죄인들과 함께 어울려 식사를 하실 수 있느냐는 것입니다. 세리와 죄인들은 예수님이 어울릴 만한 사람들이 아니라는 것입니다. 그들은 죄인들이고, 경건한 유대인이라면 마땅히 그들과 함께하지 않으리라는 것입니다.

바리새인들이 이렇게 말한 것은 자기들은 의인이고 세리들은 죄인이라는 생각이 있었기 때문입니다. 그때 예수님이 말씀하십니다. "건강한 자에게는 의사가 쓸데없고 병든 자에게라야 쓸 데있는 것처럼 나는 의인을 부르러 온 것이 아니라 죄인을 부르러 왔다".

예수님은 의인을 부르러 온 것이 아니라 죄인을 부르러 오셨습니다. 이 말씀은 어떤 사람은 의인이고 어떤 사람은 죄인이라는 것이 아니라, 모두가 죄인이라는 말씀입니다. 세리도 죄인이고 세리를 정죄하는 바리새인들도 죄인입니다. 그들은 모두 병든 자들이고, 예수님이 필요한 사람들입니다. 우리는 쉽게 다른 사람을 정죄할 수 없습니다. 왜냐하면 그들이나 우리나 모두 죄인이기 때문입니다. 그럼에도 불구하고 우리들은 여러 가지 이유로 사람들을 쉽게 정죄합니다.

예수님은 죄를 미워하셨습니다. 그러나 죄인을 정죄하지는 않으셨습니다. 오히려 예수님은 죄인을 위해 십자가 위에서 죽으셨고, 죄인들을 죄에서 구원해 주셨습니다. 그래서 오늘 우리가 이 자리에 있는 것입니다. 그러므로 우리도 사람들을 쉽게 정죄하지 말아야 합니다.

예전에 교단의 어느 목사님께서 이런 말씀을 하셨습니다. '사람은 믿음의 대상이 아니라 사랑의 대상이다'. 사람은 다 부족합니다. 사람은 다 이기적이고 연약합니다. 그러므로 사람은 믿음의 대상이 될 수 없습니다. 사람은 다만 우리가 사랑해야 할 대상입니다. 특히 성도인 우리는 사회에서 소외되고 배제된 사람들도 사랑하며 그들과 함께할 수 있어야 합니다. 어느 누구도 왕따를 시켜서는 안 되고 오히려 왕따의 친구가 되어야 합니다. 여러 가지로 잘못하는 사람이 있을 때 그를 정죄하기에 앞서 사랑하고 용서해야 합니다. 우리가 받은 사랑을 그들에게 돌려줘야 하고, 우리가 받은 용서로 그들을 용서해야 합니다.

사랑하는 성도 여러분! 오늘 하루 옆에 있는 사람들을 사랑해 주십시오. 남편을 사랑하고, 아내를 사랑하십시오. 부모를 사랑하고, 자녀를 사랑하십시오. 그와 마찬가지로 소외되고 약한 자들을 사랑해 주십시오. 말로만이 아니라 행함과 진실함으로 사랑해 주십시오. 현재 코로나19로 힘겨운 사람들을 위해 각지에서 구호품과 위로금이 모인다고 합니다. 가능하면 여러분도 이 일에 동참해 주십시오. 오늘 하루 만나는 사람들에게 부드럽고 상냥하게 말하십시오.

예수님이 먼저 죄인인 우리를 사랑해 주셨습니다. 그러므로 우리도 서로 사랑하는 것이 마땅합니다.

기도

자비로우신 하나님, 불안감이 안개처럼 우리들 삶에 스며들고 있습니다. 코로나19의 확산으로 인해 일상의 평온함이 깨졌습니다. 주님께서는 우리에게 '서로 사랑하라'고 하셨지만 우리는 지금 서로를 경계하며 살아가고 있습니다. 낯선 사람들은 물론이고 잘 아는 사람들과도 친밀한 접촉이 꺼려집니다.

사랑이 많으신 하나님 아버지, 바람과 풍랑에 시달리는 제자들에게 '나니 두려워하지 말라'고 하셨던 주님의 음성을 오늘 우리들에게도 들려주옵소서. 그리고 오늘 우리가 겪고 있는 삶의 풍랑을 잔잔하게 하여 주옵소서. 우리는 눈에 보이지도 않는 작은 바이러스조차 어찌할 수 없는 연약한 자들인 것을 인정하고, 하나님과 사람 앞에 겸손한 삶을 살게 하여 주옵소서.

오늘 하루 사람들을 정죄하지 말고, 격려하며, 위로하며, 사랑하며 살게 하여 주옵소서. 코로나19가 확산되는 두려움 속에서도 살기 위해 일터에 나가야 하는 이 땅 대부분의 사람들에게 주님의 긍휼을 베풀어 주옵시고, 유치원과 학교가 개학을 연기하여 아이들을 돌볼 길이 없는 맞벌이 부부에게도 도움의 손길을 베풀어 주옵소서. 불철주야 바이러스의 확산을 막기 위해 애쓰는 관계자들에게 새 힘을 베풀어 주옵소서.

사람을 믿지 말고, 사람을 사랑하며 오늘 하루를 살게 하여 주옵소서.

예수 그리스도의 이름으로 기도드리옵나이다. 아멘.

적용 질문

공동체의 일원으로 받아들이기 힘든 사람이 있습니까? 그 이유는 무엇입니까? 예수님이라면 그런 사람들을 어떻게 대하실까요?

네 번째 날

선을 행하고 사람을 구하는 날입니다

마가복음 3:1–19

할렐루야, 오늘은 사순절 네 번째 날입니다. 오늘도 예수님과 함께하는 행복한 동행입니다.

오늘 읽은 말씀은 마가복음 3:1-19절까지입니다.

예수님께서 안식일에 손 마른 사람을 고쳐주셨습니다. 이 일로 인해서 예수님은 바리새인들과 갈등했습니다. 사실 바리새인들은 처음부터 예수님을 고발하려 했습니다. 그래서 바리새인들은 예수님이 안식일에 손 마른 사람을 고치시는가 주시하고 있었습니다. 이런 바리새인들을 향해 예수님은 그들의 마음이 완악하다고 탄식하셨습니다. 그리고 모든 사람이 보는 앞에서 손 마른 사람을 고쳐주셨습니다. 왜냐하면 안식일에 선을 행하는 것이 악을 행하는 것보다 낫고, 생명을 구하는 것이 죽이는 것보다 옳기 때문입니다. 예수님의 행동을 반박할 수 없었던 바리새인들은 헤롯당과 함께 예수님을 죽일 궁리를 했습니다.

바리새인들과 예수님의 차이는 무엇이었을까요? 바리새인들은 안식일을 지키는 것 자체가 목적이었습니다. 안식일에는 아무 일도 해서는 안 됩니다(레 23:3). 안식일에는 처소에서 불을 피울 수도 없습니다(출 35:3). 안식일에는 장사도 할 수 없습니다(느헤미야 10:31). 안식일에는 성문 밖으로 나갈 수도 없습니다(느 13:19). 안식일에는 오락도 할 수 없고, 사사로운 말도 할 수 없습니다(사 58:13). 이 외에도 안식일에는 하지 말아야 할 것이 많습니다. 바리새인들은 오직 안식일에 이 모든 것을 지키느냐 지키지 못하느냐에만 관심이 있었습니다. 예수님께서는 '안식일이 사람을 위하여 있는 것이요 사람이 안식일을 위하여 있는 것이 아니라'(막 2:27)고 하셨지만, 바리새인들은 사람이 아니라 오직 안식일에만 관심이 있었습니다. 그들에게는 하나님이 그토록 사랑하시는 '사람'에 대한 관심과 배려가 없었던 것입니다. 그런 바리새인들의 눈에 손 마른 사람의 딱한 처지가 보일 리 없습니다.

그러나 예수님은 형식적으로 안식일을 지키는 것보다 사람을 살리는 것에 더 관심이 있으셨습니다. 예수님에게 안식일은 선을 행하는 날이었고, 생명을 살리는 날이었기 때문입니다. 그래서 예수님은 안식일임에도 손 마른 사람을 고쳐주셨습니다. 예수님께서는 안식일의 규례보다 손 마른 사람의 고통을 먼저 봐주신 것입니다.

요즘 교회마다 주일에 대한 고민이 많습니다. 코로나19의 확산으로 교회마다 자발적으로든 강제적으로든 문을 닫고 예배를 중단하는 실정입니다. 물론 여기에 대한 반론도 많습니다. 지금은 예배를 중단할 때가 아니라 목숨을 걸고 주일을 지키며, 예배를 드려야 한다는 의견도 다수 있습니다. 형편에 따라 주일 예배를 인터넷 예배로 전환한 교회와 성도들도 마음이 편치 않기는 마찬가지입니다. 당연히 우리에게도 이 문제는 심각한 고민입니다.

과연 어떻게 하는 게 잘 하는 것일까요? 과연 우리는 어떻게 주일을 지키며 하나님을 온전히 예배할 수 있을까요?

주일날 교회에 출석하고 예배에 참석하는 것 자체가 우리의 목적은 아닙니다. 우리끼리 교회에 모여서 예배 잘 드렸다고 주일을 성수한 것도 아닙니다. 주일은 우리가 선을 행하는 날이고, 생명을 살리는 날입니다. 바리새인들도 양이 구덩이에 빠지면 그날이 비록 안식일일지라도 양을 구덩이에서 끌어냈습니다(마 12:11). 양보다 못한 사람이 어디 있겠습니까? 그러므로 우리는 주일날 교회에 오는 것 자체가 아니라, 어떻게든 사람을 살리는 일에 관심을 두어야 할 것입니다. 교회가 잠시 문을 닫고, 예배를 인터넷 영상 예배로 전환한 것도 많은 사람을 살리기 위해서입니다. 혹시라도 교회가 나쁜 바이러스를 전파하는 확산지가 되어서 사회를 혼란하게 하고, 많은 사람을 고통받게 하는 일이 일어나지 않도록 교회는 그렇게 선을 행하고 생명을 살리고자 하는 것입니다.

사랑하는 성도 여러분! 위로 하나님만 보지 마시고, 당장 옆에 있는 사람을 보십시오. 어려운 사람이 있으면 그 사람에게 긍휼의 마음을 가지십시오. 그리고 할 수 있는 한 모든 힘을 다해서 그 사람을 도와주십시오. 그것이 예수님께서 이 땅에서 살아가신 방법이었고, 예수님의 제자인 우리들이 따라가야 할 삶의 모습입니다.

기도

사랑이 많으신 하나님 아버지, 감사합니다. 어제도 우리를 건강하게 지켜주시고, 오늘도 주께서 주신 새 생명으로 하루를 살게 하셔서 감사합니다. 그러나 하나님, 지금 우리 주변에는 여러 가지 이유로 고통당하는 사람들이 많이 있습니다. 코로나바이러스에 감염되어 격리된 사람들이 있고, 그들의 가족들이 있습니다. 코로나바이러스의 확산을 막기 위해 밤낮없이 먹지도 못하고 자지도 못하면서 애쓰느라 지치고 탈진한 사람들이 있습니다. 코로나바이러스로 인해 사람들의 왕래가 끊어지고, 그래서 매출이 10%대로 떨어져 힘들다는 자영업자들이 있습니다. 사랑이 많으신 하나님 아버지, 이 땅의 고통 받는 자들을 긍휼히 여기시고, 그들에게 새 힘과 위로를 베풀어 주옵소서.

이 시간 이 땅의 교회들을 위해 기도합니다. 그동안 이 땅의 교회들은 더 많은 성도를 모으고, 더 높고 큰 건물을 짓느라 여념이 없었습니다. 그런데 지금 우리는 그것이 얼마나 허무한 일이었는지를 보고 있습니다. 눈에 보이지도 않는 바이러스로 인해 그 크고 웅장한 교회의 문은 닫혔고, 수만 명, 수십만 명 되는 사람들은 각자 흩어져 교회는 텅 비어있습니다. 일시적이고 자발적인 선택이었다지만, 언제든 교회는 그렇게 허물어질 수도 있음을 봅니다. 사랑이 많으신 아버지 하나님, 이 기회에 교회가 바로 서게 하여 주옵소서. 우리의 믿음이 잘 지어진 교회 건물 속에서가 아니라 악하고 음란

한 세상 속에서도 증명되게 하시고, 우리의 예배가 크고 높은 예배당 안에서만 아니라 하나님을 알지 못하는 사람들이 득세한 세상 속에서도 드려지게 하여 주옵소서. 이 땅의 교회와 교우들과 목회자들에게 새로운 마음과 새로운 힘을 베풀어 주옵소서.

오늘 하루도 우리가 세상에서 빛과 소금된 삶을 살게 하여 주옵소서. 사랑이 많으신 예수 그리스도의 이름으로 기도드리옵나이다. 아멘.

적용 질문

하나님을 예배하기 위해 사람의 필요를 외면했던 적은 없습니까? 지금 다시 그 상황이 된다면 어떻게 하겠습니까?

다섯 번째 날

새 가족입니다

마가복음 3:20-35

샬롬, 오늘은 사순절 다섯 번째 날입니다. 오늘도 예수님과 동행하는 행복한 하루가 되시기 바랍니다.

오늘은 마가복음 3:20-35절까지의 말씀을 읽었습니다. 많은 사람이 예수님을 오해하거나 적대시했습니다. 특히 예수님에 대해 잘 안다는 사람들이 더욱 그랬습니다. 예수님의 가족과 친척들은 예수님이 미쳤다고 생각했습니다. 평생 성경을 연구해서 성경에 대해 가장 잘 안다는 서기관들은 예수님이 귀신의 왕을 힘입어서 귀신을 쫓아낸다고 가르쳤습니다. 예수님은 이들을 성령을 모독하는 사람들이라고 했습니다. 예수님께서 성령을 힘입어서 하시는 일을 귀신의 일이라고 판단했으니 이들은 성령을 모독한 것이 분명합니다.

'선무당이 사람을 잡는다'는 말이 있습니다. 예수님에 대해 조금 아는 사람들이 예수님을 더 많이 오해합니다. 교회에 오래 다니면서 이렇게 저렇게 들은 말들이 평생의 고집이 되어서 예수님을 정형화하기도 합니다. 어떤 사람은 자기가 체험한 것에 집착하고, 어떤 사람은 자기가 은혜받은 말씀에만 매달립니다. 교회에 오래 다닐수록 신앙의 폭이 넓어지는 것이 아니라 자기 고집만 세어지는 것입니다. 내 생각과 다른 것은 다 잘못된 것이고, 내가 아는 것과 다르게 말하는 사람들은 다 틀렸습니다. 이런 고집이 예수님을 미쳤다고 하고, 예수님이 귀신의 왕을 힘입었다고 하게 되는 것입니다.

우리가 알고 있는 얕은 지식, 굳은살처럼 몸에 밴 습관들, 수십 년 동안 이어져 오는 교회의 정형화된 형식들, 더 이상 배우려 하지 않는 게으름, 또는 교만함… 이런 것들을 내려놓지 않으면 우리도 예수님을 오해할 수 있습니다. 그러므로 겸손한 마음과 자세로 하나님의 말씀을 받으십시오. 그리고 그 말씀에 온 힘을 다해 순종하십시오. 어쩌면 코로나19로 교회의 기본이 흔들리는 지금이 교회와 우리 신앙의 본질을 점검할 좋은 기회일지도 모릅니다.

예수님의 어머니와 동생들이 예수님을 찾아왔습니다. 이들은 온갖 좋지 않은 소문이 떠도는 예수님을 데리러 왔습니다. 그때 예수님께서 새로운 가족에 대해 말씀하십니다. "누구든지 하나님의 뜻대로 행하는 자가 내 형제요 자매요 어머니이니라". 물론 예수님은 혈연으로 맺어진 가족들도 외면하지 않으셨습니다. 예수님은 십자가 위에서 죽으시는 마지막 순간까지 육신의 어머니이신 마리아를 챙기고 보살피셨습니다. 그러나 새로운 가족이 있습니다. 혈통으로나 육정으로나 사람의 뜻으로 된 가족이 아니라 하나님의 뜻을 행하므로 맺어진 가족이 있습니다. 사도 요한은 이런 사람들을 '하나님께로부터 난 자들'(요 1:13)이라고 했습니다. 하나님의 뜻대로 행하는 자들은 모두 하나님께로부터 난 자들이고, 이런 사람들은 모두 하나님 안에서 형제고 자매입니다.

그런데 하나님의 뜻이 무엇일까요? 우리는 사실 하나님의 뜻을 잘 알지 못합니다. 어쩌면 평생 하나님의 뜻을 모를지도 모릅니다. 그러므로 우리는 내 생각을 지나치게 고집부리지 말아야 합니다. 그러면서 매일 매 순간 하나님의 뜻을 묻고, 하나님의 뜻을 알기 위해 고민해야 합니다. 내가 이미 알고 있는 얄팍한 성경 지식과, 내가 주관적으로 체험한 어떤 일들과, 내가 오랫동안 몸에 익힌 습관들로 하나님의 뜻을 쉽게 단정하지 말고, 모든 순간 하나님의 뜻이 어디에 있는지 고민하고 확인해야 합니다. 그래서 그 순간마다 하나님의 뜻을 찾아야 하고, 그 뜻대로 행해야 합니다. 그렇게 사는 모든 사람이 예수님의 형제고 자매고 어머니인 것입니다.

사랑하는 성도 여러분! 자기 고집을 내려놓고 하나님의 뜻을 찾읍시다. 그리고 그 뜻에 순종하며 삽시다. 성령께서 우리에게 주시는 마음들을 훼방하지 말고, 오늘 하루도 성령의 감동하심에 따라가며 삽시다. 특히 지금은 교회와 예배와 우리 믿음에 많은 분별이 필요할 때입니다. 우리에게 익숙한 것에 집착하는 한 우리는 하나님의 새로운 은혜를 누릴 수 없습니다. 익숙한 것이 진리도 아닙니다. 그러므로 우리의 생각과 습관을 내려놓고, 하나님의 뜻을 따라 하나님께서 주시는 감동하심에 순종하며 살아갑시다. 오늘 하루도 하나님의 도우시는 은혜가 저와 여러분들에게 그리고 우리 가족과

이 땅의 모든 주의 백성들에게 함께하시기를 바랍니다.

기도

전능하신 하나님 아버지, 코로나19의 위협과 불안 속에서도 한 주를 잘 보내게 하셔서 감사합니다. 지난 주간에는 우리가 사는 가까운 곳에서도 코로나 확진 환자가 나왔습니다. 그래서 우리가 더 놀라고 긴장했습니다. 그러고 보니 우리는 지금까지 어려움에 처한 사람들을 위해 기도하면서도, 정말 그들이 얼마나 큰 불안과 불편함 속에서 사는지 몰랐던 것 같습니다. 대구에 사시는 어떤 분은 '어려워도 힘내시라'는 말에, '직접 와서 살아보고 그런 말을 하라'고 대답했습니다. 지금 그곳에 사시는 분들은 힘내라는 몇 마디 말로는 극복될 수 없는 불안과 공포 속에 살아가고 있는 듯합니다. 우리가 지금까지 그들의 아픔을 충분히 공감하지 못했음을 용서해 주시고, 지금 이 시간 여러 가지로 어렵고 힘든 사람들에게 주님의 크신 은총을 베풀어 주옵소서.

사랑이 많으신 아버지 하나님! 우리는 지금 우리 주변에서 하나님의 뜻이 어떻게 이루어지고 있는지 모르고, 지금 우리가 어떻게 처신하며 살아가는 것이 하나님의 뜻인지도 잘 모르고 있습니다. 우리의 마음을 밝혀주셔서 이 시대를 향하신 하나님의 뜻을 찾게 하시고, 우리가 하나님의 뜻에 합당한 삶을 살게 하여 주옵소서.

우리 모두 주님 안에서 형제고 자매가 되었으니 가족의 친밀함으로 서로를 격려하게 하시고, 돌아보며 힘이 되게 하옵소서.

예수 그리스도의 이름으로 기도드리옵나이다. 아멘.

적용 질문

선입견으로 누군가를 오해한 경험이 있습니까? 그 선입견은 어떻게 생긴 것인가요?

여섯 번째 날(주일)

집에서 모이는 교회

로마서 16:5

요즘 저는 교회와 예배에 대해 많은 생각을 합니다. 지난 금요일 가정 예배 중에도 잠시 말씀을 나누었지만 지금 우리가 드리는 예배가 우리 몸에 굳은살처럼 밴 익숙한 습관들인지, 아니면 2천 년 동안 교회가 지켜온 전통적이고 성경적인 예배인지, 사실은 잘 모르겠습니다.

지금 목사님들 사이에는 교회와 예배에 대한 토론이 활발합니다. 어떤 분들은 지금은 정부의 사회적 거리 두기 운동에 동참해서 공동 예배를 중단해야 한다는 분들도 있고, 또 어떤 분들은 지금은 교회가 더 똘똘 뭉쳐서 예배를 드려야 한다고 하기도 합니다. 둘 다 나름의 논리와 이유가 있습니다. 그래서 고민이 됩니다. 우리가 지금 공동체 예배를 중단하고 가정 예배나 인터넷 예배를 드리기로 결정하는 일은 어렵지 않습니다. 그냥 그렇게 하면 됩니다. 우리가 만일 그렇게 예배를 드리면 교회 주변의 이웃들도 좋아하고, 정부 기관에서도 안심할 것입니다. 그러나 첫 번째 다음에는 항상 두 번째가 있고 세 번째가 있는 법입니다. 이번에 이런 이유로 교회 문을 닫으면 다음에는 또 다른 이유로 교회 문을 닫아야 할 일이 생길 것입니다. 그때 사회는 지난번에도 교회 문을 닫았으니 이번에도 닫아 달라고 할 것입니다. 처음에는 부탁을 할 것이고 나중에는 강요를 할 것입니다. 그리고 그 다음에는 법적으로 제재를 가할지도 모릅니다. 그러면 그때 우리는 어떻게 해야 할까요?

실제로 교회에는 지난 2천 년 동안 수많은 위기가 있었습니다. 그러나 교회가 자발적으로 나서서 교회 문을 닫고 예배를 중단한 적은 없습니다. 적어도 제가 아는 바로는 그렇습니다. 교회에서 예배를 드리지 못할 위기가 오면 교회는 땅 속에 들어가서라도 예배를 드렸고, 매맞아 죽을 각오를 하고서라도 예배를 드렸습니다. 그렇게 2천 년이 지나 오늘 우리 교회가 있는 것입니다. 그러니 오늘 어렵다고 우리가 쉽게 교회 문을 닫고 예배를 중단할 수는 없는 것입니다.

그러나 그게 전부는 아닙니다. 교회는 성도들끼리 모여서 예배드리고, 성도들끼리만 사이좋게 천국 가면 되는 곳이 아닙니다. 교회도 사회의 일원이고, 그래서 교회에는 사회적인 책임이 있습니다. 이번에 코로나바이러스가 전국적으로 확산된 것은 천명 이상 모인 대구의 신천지 모임에서 비롯된 것임을 우리는 알고 있습니다. 그래서 사람들은 수백 명, 수천 명씩 모이는 교회 예배를 불안하게 보는 것이고, 교회도 그것을 조심하는 것입니다. 만일 누군가가 우리 개인의 생명을 위협하면서 예배를 중단하라고 하면 우리는 순교를 각오하고 예배를 드릴 것입니다. 그러나 우리가 드리는 예배로 인해서 바이러스가 확산되고, 우리 말고도 수많은 사람이 피해를 볼 수 있다면 그런 일은 교회가 조심해야 하는 것이 당연합니다. 교회는 교우들뿐 아니라 이웃의 생명도 보호해야 합니다. 그런데 우리가 받는 은혜로 이웃이 피해를 보고, 심지어 죽을 수도 있다면 우리는 당연히 교회 문을 닫고 교회에 모여서 드리는 공동체의 예배를 중단해야 할 것입니다.

지금 목사님들 사이에서는 이런 두 가지 의견이 팽팽하게 맞서고 있습니다. 여러분은 어떻게 생각하십니까?

지금 우리가 생각해야 할 것은 교회의 문을 여느니 닫느니, 예배를 교회에서 드리느니 가정에서 드리느니 하는 것이 아니라 보다 근본적으로 교회가 무엇인지, 그리고 예배가 무엇인지에 대해 다시 생각해야 하는 것이라고 여겨집니다.

사실 초기 교회는 지금과 많이 다른 모습이었습니다. 오늘 우리는 로마서 16:5절 말씀을 본문으로 읽었습니다. "또 저의 집에 있는 교회에도 문안하라 내가 사랑하는 에배네도에게 문안하라 그는 아시아에서 그리스도께 처음 맺은 열매니라".

로마서 16장은 사도 바울이 로마 교회에 보내는 편지를 다 쓰고 마무리로 인사를 하는 내용입니다. 마지막 인사 중에 사도 바울은 '또 저의 집에 있는 교회에도 문안하라'고 합니다. 여기서 저의 집은 브리스가와 아굴라의 집을 말합니다. 그런데 브리스가와 아굴라의 집은 그냥 집이 아니라 교회였습니다.

로마에는 브리스가와 아굴라의 집 이외에도 아순그리도와 블레곤과 허메와 바드로바와 허마의 집이 있었고, 빌롤로고와 율리아와 네레오와 올림바 같은 사람들의 집도 있었습니다(롬 16:14-15). 이들의 집이 모두 교회였고, 이 모든 가정교회들을 합해서 로마교회라고 하는 것입니다. 로마교회만이 아니라 고린도교회나 빌립보교회 등 초기의 교회들이 모두 그렇습니다. 연구가들에 의하면 적어도 3세기까지는 별개의 교회 건물을 지었다는 기록이 없습니다. 그러니까 3세기까지의 교회는 모두 여러 개의 가정교회들이 모인 교회인 것입니다.

초기 교회는 우리가 생각하는 것만큼 거대하고 웅장한 교회가 아닙니다. 초기 교회는 지금 유럽에 남아있는 교회들처럼 높고 화려한 모습의 교회가 아닙니다. 오히려 초기의 교회는 작고 보잘것 없는 모습입니다. 왜냐하면 초기 교회는 성도들 중 누군가의 집에서 모이는 가정교회가 대부분이었기 때문입니다.

오늘 본문 말씀은 '또 저의 집에 있는 교회'라고 했지만 다른 성경 사본에는 '그들의 집에서 모이는 교회'라고 번역을 했습니다. 저는 이 번역이 좀 더 맞는 것 같습니다. 그래서 오늘 설교 제목도 '집에 있는 교회'가 아니라 '집에서 모이는 교회'입니다. 그러니까 기독교 초기에는 성도들이 모인 곳을 교회라고 한 것입니다. 성도들 중 누군가의 가정에 모였으니 가정교회고, 어느 한 지역에 그런 가정교회가 여러 개 있으니 그 교회들을 총칭해서 빌립보교회. 고린도교회, 로마교회, 갈라디아교회 등의 이름으로 부른 것입니다.

흔히 최초의 교회라 하는 예루살렘교회는 마가의 다락방에서 시작한 교회였습니다(행 1:13). 사도 바울이 유럽으로 건너가 처음 개척한 빌립보교회는 자주장사 루디아의 집에서 시작했습니다(행 16:40). 골로새교회는 빌레몬의 집이었고(몬 1:2), 라오디게아교회는 눔바의 집이었습니다(골 4:15). 고린도교회는 가이오의 집이었습니다(롬 16:23). 오늘 본문에 나오는 브리스가와 아굴라의 집은 에베소에 있을 때도 교회였고(고전 16:19), 지금 로마에서도 교회입니다.

초기 교회 당시에도 이교도의 신전은 화려하고 웅장했습니다. 그러나 적어도 3세기까지 초기 교회는 그렇게 크지도 않았고 화려하지도 않았습니다. 왜냐하면, 초기 교회는 건물 중심의 교회가 아니었기 때문입니다. 초기 교회는 평안할 때는 성도들이 가정에서 모였고, 핍박이 있을 때는 카타콤이라 불리는 지하 공동묘지에까지 들어가서 모였습니다. 그들이 그렇게 모이면 그곳이 곧 교회였습니다. 보나마나 초기 교회는 예배 형식도 변변치 않았을 것이고, 예배를 돕는 시설들도 엉망이었을 것입니다. 그러나 초기 교회의 성도들에게는 동일한 신앙의 고백이 있었습니다. 그리고 그들에게는 그들이 사는 사회에 대한 강력한 헌신과 봉사가 있었습니다.

제가 사순절 두 번째 날 가정예배에서 설교했지만, 초기 교회 성도들은 당시 로마 제국 전역에 역병이 돌고 로마 제국 전체 인구의 1/3이 죽어나가는 상황에서도 역병에 걸린 사람들을 찾아가 끝까지 간호했습니다. 그리고 역병으로 죽어 길가에 버려진 사람들을 자기들의 사비를 들여 땅에 묻어 주었습니다. 그 당시 대부분의 사람은 역병에 걸린 사람들을 버리고 도망다녔지만, 초기 교회의 성도들은 역병에 걸린 사람들을 찾아가서 돌봐 주었습니다. 그 결과 기독교는 사회에서 강한 영향력을 행사하게 되었습니다. 로드니 스타크라는 사회학자는 초기 교회가 부흥한 것은 초기 교회 성도들의 그와 같은 사랑과 헌신 때문이라고 진단하기도 합니다. 이게 초기 교회의 모습입니다.

여러분도 알다시피 지난 2천 년간 교회에는 크고 작은 핍박이 많았습니다. 그럴 때마다 교회가 지키려고 했던 것은 교회 건물이 아니었습니다. 교회 건물의 문을 열거나 닫는 것은 사실 아무 문제도 아니었습니다. 특히 초기 교회 성도들에게는 그랬습니다. 교회 건물의 문은 열어도 그만이고 닫아도 그만이었습니다. 좀 더 정확하게 말하면 초기 교회 당시에는 열거나 닫을 교회의 문도 없었습니다. 초기 교회 성도들의 집이 모두 교회인데 무엇을 열고 무엇을 닫겠습니까?

초기 교회 성도들에게 중요한 것은 교회 건물이 아니라 그들의 신앙고백이었습니다. 초기 교회 성도들은 예루살렘에 핍박이 오면 온 유대로 흩어지며 복음을 전했습니다. 유대 전역에 핍박이 오면 사마리아로 흩어지며 복음을 전했고, 사마리아에도 핍박이 오면 땅끝까지 가서 복음을 전했습니다. 그들은 교회 건물 때문에 흩어지기를 망설이지도 않았고, 흩어지면서 거대한 교회 건물을 세우지도 않았습니다. 그들은 흩어지면서 주가 그리스도시라는 동일한 신앙의 고백을 전했습니다. 그렇게 복음을 전하고 전도해서 누군가의 집에 모이면 그곳이 그들의 교회가 되었습니다. 초기 교회 성도들이 예루살렘부터 땅끝까지 이르는 동안 흩어져 있는 성도들의 집집마다 교회가 되었고, 그렇게 예루살렘부터 땅끝까지 교회가 가득하게 된 것입니다. 성도들은 그런 교회에 모여서 하나님을 예배했고, 성도들 간에 친밀하게 교제했고, 그들이 속한 지역 사회를 위해서 봉사했습니다. 어려운 사람들을 찾아가 구제했고, 병에 걸려 신음하는 사람들을 찾아가 간호했습니다. 그게 초기 교회의 모습입니다.

사랑하는 성도 여러분! 저는 요즘 교회와 예배에 대해 아주 많은 생각을 합니다. 오늘 우리에게 있어서 교회는 어떤 의미인지, 오늘 우리가 드리는 예배는 또 무엇인지, 저는 요즘 매일 이런 것을 생각합니다.

교회에는 시간이 지날수록 많은 사람이 모였습니다. 특히 313년 콘스탄틴 황제에 의해서 기독교가 국교가 되고 교회가 권력이 되고 난 후 교회에는 사람들이 밀려들었습니다. 그러면서 교회에 조직이 생겼고, 조직을 유지하기 위한 교리가 생겼고, 그들이 모일 수 있는 건물이 생겼습니다. 중세에 와서는 건물이 곧 그것을 짓는 사람이 가진 힘의 상징이 되었고, 그래서 당시 힘있는 사람들은 교회의 첨탑을 경쟁적으로 높이 짓기 시작했습니다.

윤동주 시인이 지은 '십자가'라는 시를 보면 이런 대목이 있습니다.

쫓아오던 햇빛인데
지금 교회당 꼭대기
십자가에 걸리었습니다.

첨탑이 저렇게도 높은데
어떻게 올라갈 수 있을까요.

이미 교회의 첨탑은 아무나 올라갈 수 없는 곳이 되었습니다. 혹시 교회의 첨탑까지 올라간다 해도 그곳은 세상으로부터 너무 멀리 떨어져서 오히려 그곳에 올라간 사람들이 고립되었습니다. 그곳에는 자신이 속한 사회에 대한 봉사도 없고, 사람과 사람이 만나는 만남도 없습니다. 그 첨탑은 얼마나 높고 견고한지 따라오던 햇빛마저 걸려서 넘어가지 못하는 곳입니다.

사랑하는 성도 여러분! 오늘 우리가 지키려고 하는 것은 무엇일까요? 만일 오늘 우리가 지키려고 하는 것이 하늘 높은 줄 모르고 높아진 교회의 첨탑이라면 우리에게는 아무런 소망도 없습니다.

이 시대의 교회들은 큰 교회나 작은 교회나 모두 부흥이 목적이었습니다. 부흥을 위해 교회를 개척했고, 부흥을 위해 교회를 건축했습니다. 그래서 교회들마다 더 많은 성도를 모으고 더 높은 교회 건물을 짓는 일에 혈안이 되었습니다. 그리고 교회마다 거기에 맞는 상당한 성과를 내었습니다. 지역마다 거대한 교회들이 세워졌고 그 교회를 가득 메운 성도들은 중세의 성과 같은 자기들의 교회 건물을 자랑했습니다. 많은 사람들은 교회 건물의 크기가 자기들 신앙의 크기라고 생각했습니다. 그래서 더 많은 사람들이 마치 거대한 건물에 홀린 듯이 큰 교회로 모여들었습니다. 우리는 그것이 영성이고, 그것이 부흥이고, 그것이 하나님의 뜻이라고 생각했습니다. 그래서 큰 교회의 목사님들은 어깨에 힘이 들어갔고, 작은 교회의 목사들은 주눅이 들었습니다.

그러나 사랑하는 성도 여러분! 요즘 우리는 그동안 우리가 부흥이라고 생각했던 것들이 사실은 부흥이 아닐 수도 있다는 것을 보고 있습니다. 수백억, 수천억을 들여서 지은 교회 건물은 허무하게 문을 닫았고, 그곳에 가득했던 성도들은 한순간에 썰물처럼 빠져나갔습니다. 물론 이러한 일은 교회가 일시적이고 자발적으로 선택한 것이니 다시 교회의 문은 열릴 것이고, 다시 교회에는 사람들이 가득 차게 될 것입니다. 그러나 사랑하는 성도 여러분! 한 번 닫힌 교회의 문은 다시 닫힐 수도 있습니다. 한번 빠져나간 성도들은 다시 교회를 빠져나갈 수도 있습니다. 지금은 우리가 자발적으로 그런 선택을 했지만 앞으로는 강제적으로 그런 일들이 일어날 수 있습니다. 그러므로 지금 우리가 교회 건물을 지키려 하는 것은 별 의미가 없습니다. 지금 우리가 교회에 모여서 예배를 드리느냐 아니면 흩어져서 예배를 드리느냐의 문제를 놓고 갑론을박하면서 싸우는 것도 의미가 없습니다. 지금 우리는 새로운 교회관을 세워야 하고, 새로운 예배의 모습을 찾아야 합니다. 좀 더 정확하게 말하면 지금 우리는 초기 교회의 교회관과 그들의 예배관에 대해서 다시 고민해야 합니다.

말씀을 맺겠습니다. 저는 지난 한 주간 참 좋았습니다. 제가 여러분에게 보내는 가정 예배 음성 파일은 15분짜리지만 그것을 준비하기 위해서는 거의 하루가 걸립니다. 성경을 읽고, 묵상해야 하고, 그 말씀을 지금 형편에 맞게 풀어야 합니다. 그것을 다시 문장으로 만들어야 하고, 그 문장이 입에 익도록 몇 번이고 소리 내서 읽어봐야 합니다. 그리고 녹음을 해야 합니다. 녹음하는 모든 과정을 혼자 하려니 NG도 많습니다. 중간중간 배경 음악도 넣고 시간도 맞춰야 합니다. 그렇게 하루 종일 준비를 해서 새벽에 파일을 올립니다. 그러면 여러분이 예배를 드리고 새벽부터 피드백 문자를 주십니다. 어느 분은 피드백을 주면서 요즘처럼 많은 예배를 드렸던 적이 없다고 합니다. 어느 분은 피드백을 주면서 요즘처럼 가족이 모두 모여서 예배를 드린 적이 없다고도 합니다. 어느 분은 매일 품격 있는 예배를 드린다고도 합니다. 저는 지난 한 주 성도들과의 그런 소통이 참 좋았습니다. 그러고 보면 우리들이 평안할 때보다 더 많은 소통을 하는 것 같습니다.

올 초에 제가 목회 방향을 말하면서 올해는 소그룹 모임에 다시 힘을 내보자고 했습니다. 가정별로 모이고, 소그룹별로 모이는 모임을 자주 갖자는 것이었습니다. 제가 그 모임을 3월부터 시작할 예정이었는데 연초부터 코로나바이러스가 번지면서 자연스럽게 가정 모임이 시작되었습니다.

코로나19는 우리 사회에 큰 혼란을 주었습니다. 많은 사람이 죽었고 경제는 큰 어려움에 처했습니다. 90개가 넘는 나라에서 한국 사람들의 입국을 거절하고 있습니다. 유럽과 미주에서는 혐한감정이 심각하다고 합니다. 여러모로 국가가 위기고 교회도 위기입니다. 그러나 교회 입장에서 보면 어쩌면 지금이야말로 한국 교회가 바로 설 기회일 수도 있습니다. 하나님께서는 성령이 임한 후에도 예루살렘에 머물러 있는 교회를 핍박해서 흩으셨습니다. 그때 많은 교회가 문을 닫고 많은 성도가 죽었지만, 결과적으로는 복음이 사마리아와 땅끝까지 전파되는 계기가 되었습니다. 저는 지금 교회의 사정도 그렇다고 봅니다. 많은 사람들이 한국 교회는 이미 자정능력을 잃었다고 했습니다. 안타깝지만 저도 그 말을 부정할 수 없었습니다. 그런데 주께서 강제로 한국 교회를 흔드셨습니다. 우리가 추구하고 이룬 것들이 사실은 하나님과 아무 관계가 없는 것일 수도 있다는 사실을 보여주었습니다. 많은 교회와 목사와 성도들이 이런 생각에 동의합니다.

그렇다면 사랑하는 성도 여러분! 지금은 우리 교회와 성도들이 새로워질 때입니다. 오늘 이곳 교회에 모여서 예배를 드리는 성도들은 더욱 마음을 다하고 힘을 다해서 하나님을 예배하십시오. 그리고 오늘 집에서 예배를 드리는 성도들은 집이라서 편한 예배가 아니라 집에서 더욱 온전한 예배를 드리십시오. 실시간으로 예배를 드리지 못하고 녹화본으로 예배를 드리시는 분들은 또한 그 시간에 하나님을 바로 예배하십시오. 한 주간 사순절 가정 예배에 여러분의 마음을 모으시고, 여러분이 있는 곳에서 사람들에게 봉사하십시오. 그것이 교회의 건물을 지키는 것보다 우선이고, 우리가 어디서 예배를 드리느냐로 고민하는 것보다 더 귀한 일입니다.

적용 질문

우리가 열심히 모여 간절히 하나님을 예배함에도 불구하고 사람들이 교회와 성도들을 비난하는 이유가 무엇일까요?

일곱 번째 날

이루는 것이 아니라 기다리는 것입니다

마가복음 4:21-34

샬롬, 오늘은 사순절 일곱 번째 날입니다. 오늘도 예수님과 동행하는 행복한 하루가 되시기 바랍니다.

오늘은 마가복음 4:21-34절까지의 말씀을 읽었습니다. 예수님께서 은밀하지만 분명하게 자라나는 하나님 나라에 대해 비유로 말씀하셨습니다.

농부가 땅에 씨를 뿌렸습니다. 그리고 열심히 가꾸었습니다. 농부는 한여름의 뜨거운 햇볕도 피하지 않고, 아침부터 저녁까지 힘들게 일했습니다. 그러나 농부가 아무리 열심히 일한다 해도, 뿌린 씨에서 싹이 나고 이삭이 나고 충실한 곡식이 열리는 것은 농부의 마음대로 되는 일이 아닙니다. 성실한 농부가 일 년 내내 농사를 지으며 수고해도 한 차례 태풍을 견디지 못하면 일 년의 수고가 헛수고가 됩니다. 마찬가지로 성실한 농부가 일 년 내내 농사를 지으며 수고를 해도, 비가 오지 않으면 일 년간 수고한 농작물이 뜨거운 태양에 타 죽습니다. 농부가 뿌린 씨앗이 싹이 나고 열매를 맺기 위해서는 너무 추워도 안 되고 너무 더워도 안 됩니다. 비가 너무 많이 와도 안 되고 비가 너무 적게 와도 안 됩니다. 그러므로 땅에 씨가 떨어져 싹이 나고 이삭이 나고 열매가 맺히는 것은 농부가 아닌 하나님이 하시는 일입니다.

농부는 씨를 뿌리고 물을 주지만, 그것을 자라게 하시는 이는 하나님이십니다. 농부는 자기가 뿌린 씨앗이 싹이 나고 이삭이 나고 곡식이 열리는 것을 보지만, 그것이 어떻게 그렇게 되는 것인지는 알지 못합니다. 그래서 본문 27절은 이렇게 말했습니다. '그가 밤낮 자고 깨고 하는 중에 씨가 나서 자라되 어떻게 그리 되는지를 알지 못하느리라' 하나님의 나라가 그렇습니다. 우리는 하나님 나라의 일을 다 알지 못합니다. 우리는 하나님의 나라가 어떻게 이루어지는지도 모릅니다. 우리는 매일 성실히 살아가지만, 그렇다고 우리가 하나님의 나라를 이루는 것은 아닙니다. 그런데도 많은 사람이 자기가 모든 것을 안다는 전제로 일을 합니다. 그래서 다른 사람들을 쉽게 정죄합니다. 그것도 예수님의 이름을 들먹이면서 정죄합니다. 이것이 조직화하면 종교 재판이 됩니다. 내가 안다는 것을 근거로 다른 사람을 비난하고, 정죄하고, 심지어는 죽이고 학살하기도 하는 것입니다. 역사적으로 이런 일들이 많았습니다. 예수님의 이름으로 행해진 이런 폭력들이 많았습니다. 나는 모르는데 안다고 생각하기 때문입니다. 나는 하나님의 나라를 이룰 수 없는데, 내가 열심히 하면 하나님의 나라를 이룰 수 있다고 생각하기 때문입니다.

작은 겨자씨를 보고 어떻게 새가 깃들이는 큰 가지를 생각할 수 있겠습니까? 우리는 그 과정을 알지 못하지만, 우리가 밤낮 자고 깨고 하는 중에 하나님께서 겨자씨를 큰 가지가 되게 하시는 것입니다. 그러므로 우리의 역할은 하나님의 나라를 이루는 것이 아니라 기다리는 것입니다.

사랑하는 성도 여러분! 오늘 하루 최선을 다해 열심히 사십시오. 코로나19가 우리를 위협한다지만, 돌아보면 그보다 더 위험한 일들이 주변에 널려 있습니다. 우리의 안전뿐 아니라 우리의 마음과 믿음을 시험하는 일들도 많습니다. 그러나 그렇다고 기죽지 말고, 또는 웅크리지 말고 오늘 하루 열심히 사십시오. 물론 우리가 그렇게 열심히 살아서 하나님의 나라를 이루는 것은 아닙니다. 다만 우리가 그렇게 살아가는 하루하루가 모여서 하나님의 나라에 이르게 되는 것입니다.

우리는 열심히 하나님의 나라를 이루는 것이 아니라, 성실하고 겸손한 삶으로 하나님의 나라를 기다리는 것입니다. 이것이 오늘 하루 우리가 살아야 할 모습입니다.

기도

사랑이 많으신 하나님 아버지, 어제 우리가 교회에 모여서, 혹은 가정에서 각자의 방법으로 하나님을 예배하게 하셔서 감사합니다. 우리가 어디에서 하나님을 예배하느냐보다, 우리가 어떻게 하나님을 예배하느냐가 더 중요하다는 말씀을 들었습니다. 크고 화려하게 세워진 건물이 교회가 아니라, 하나님을 성실히 예배하는 우리

집이 교회라는 말씀도 들었습니다. 초기의 교회는 모두 가정에서 시작한 교회였고, 그 교회들을 통해 하나님께서는 땅끝까지 복음을 전하셨다는 말씀도 들었습니다. 전능하신 하나님 아버지, 오늘 우리가 예배드리는 우리 가정도 그렇게 하나님이 함께하시는 교회가 되게 하여 주옵소서. 우리가 우리 집에서 예배드리며 하나님의 거룩한 나라를 꿈꾸게 하시고, 하나님께서 이루고자 하시는 일들이 우리 가정을 통해서 이루어지게 하여 주옵소서.

농부가 열매 맺는 일을 할 수 없듯이, 우리는 하나님의 나라를 이룰 수 없음을 알게 하시고, 우리는 다만 참고 기다림으로 오늘 하루를 성실히 살게 하여 주옵소서. 이 시간도 여러 가지 이유로 고통당하는 사람들을 주의 이름으로 위로해 주옵소서. 특히 중국과 북한의 지하교회와 그곳의 성도들에게 하나님의 은총을 내려 주옵소서. 그들이 그들의 열악한 삶을 지금껏 참으며 하나님의 나라를 기다린 것 같이, 오늘 하루도 그들의 형편을 참고 믿음을 지키게 하셔서, 하나님의 나라가 그들 가운데 이루어지게 하여 주옵소서.

예수 그리스도의 이름으로 기도드리옵나이다. 아멘.

적용 질문

하나님이 하실 일을 내가 해야 할 일이라고 생각했던 것은 없습니까? 그 일의 결과는 어땠습니까?

여덟 번째 날

풍랑을 잔잔케 하심

마가복음 4:35-41

샬롬, 오늘은 사순절 여덟 번째 날입니다. 오늘도 예수님과 동행하는 행복한 하루가 되시기 바랍니다.

오늘 읽은 말씀은 마가복음 4:35-41절입니다.

예수님께서 제자들과 함께 갈릴리 호수를 건너셨습니다. 이 호수는 너무 커서 흔히 갈릴리 바다라고도 부릅니다. 예수님과 제자들이 갈릴리 호수를 건너는 동안 큰 풍랑이 일어났습니다. 어찌나 풍랑이 센지 배에는 물이 가득 찼고, 제자들은 죽음의 위협을 느꼈습니다. 제자들은 어떻게든 풍랑에서 벗어나 보려 했지만 그럴 수 없었습니다. 제자들은 점점 죽음의 공포에 빠져들었습니다. 그때 예수님께서는 배 뒤편에서 베개를 베고 주무셨습니다. 제자들은 다급하게 예수님을 흔들어 깨웠고, 예수님은 바람과 바다를 꾸짖어 잔잔하게 하셨습니다. 그리고 제자들의 믿음 없음을 책망하셨습니다. 그러자 제자들은 예수님이 누구시기에 바람과 바다도 순종하는지 두려워했습니다.

흔히 인생을 바다를 항해하는 것에 비유합니다. 바다에는 늘 크고 작은 풍랑이 있습니다. 이처럼 우리 인생의 바다에도 늘 풍랑이 있습니다. 때로는 그 풍랑이 커서 죽음의 위협을 느끼기도 합니다. 어떤 사람은 돈의 풍랑에 허덕이고, 어떤 사람은 건강의 풍랑에 죽을 고비를 맞고, 어떤 사람은 취업과 진학의 풍랑에, 그리고 어떤 사람은 자녀 문제로 잠을 이루지 못합니다. 이런 인생의 풍랑은 믿음과 상관없이 우리를 찾아옵니다. 제자들이 풍랑을 만나 죽을 고비에 놓인 배에는 예수님도 함께 계셨습니다. 그럼에도 불구하고 풍랑이 일어난 것입니다.

풍랑은 우리를 무기력하게 합니다. 풍랑을 만났을 때 우리는 우리가 얼마나 연약한 존재인지 깨닫습니다. 거대한 풍랑 앞에 제자들이 할 수 있는 일은 아무것도 없었습니다. 지금 우리 사회는 코로나19라는 거대한 풍랑을 만났습니다. 우리나라에서만 7천 명이 넘는 사람이 바이러스에 감염이 되었고, 그중 53명이 죽었습니다. 정부 당국과 관계자들이 나서서 최선을 다하고 있지만, 아직은 역부족입니다.

풍랑 앞에 필요한 것은 기교가 아닙니다. 제자들 중에는 평생 어부로 지낸 사람들이 여럿 있었습니다. 그들은 배를 잘 다뤘고, 웬만한 풍랑에는 이미 익숙해진 사람들입니다. 그러나 그들이 가진 기술과 기교가 이번 풍랑에는 아무런 도움도 되지 않았습니다. 오히려 예수님은 그들의 기교가 아니라 믿음이 문제라고 지적하십니다. 예수님이 제자들에게 말씀하십니다. "어찌하여 이렇게 무서워하느냐 너희가 어찌 믿음이 없느냐". 너희에게 믿음이 있었다면 그렇게 무서워하지 않았을 것이라는 말씀입니다.

믿음이 무엇입니까? 믿음이란 자기 확신이 아니라 하나님에 대한 신뢰입니다. 믿음이란 어떤 경우에도 하나님이 옳으시고, 하나님이 우리를 선하게 인도하신다는 신앙고백입니다. 우리 인생에 큰 풍랑이 일어 우리가 죽을 것 같은 고통 속에 놓였을지라도 하나님은 여전히 옳으시고, 하나님은 여전히 우리를 사랑하십니다. 이 사실을 변함없이 신뢰하는 것이 곧 믿음입니다.

예수님과 함께 있어도 풍랑은 옵니다. 그러나 예수님과 함께하는 풍랑은 안전합니다. 반대로 예수님과 함께하지 않아도 평안할 수는 있습니다. 그러나 예수님과 함께하지 않는 그 평안은 안전하지 않습니다. 예수님과 함께하지 않는 평안은 오히려 우리를 위협하고 무너뜨릴 수 있습니다. 그러므로 우리가 인생의 큰 바다를 건널 때 예수님과 동행함이 복입니다. 삶의 형통이란 살아가면서 자기가 원하는 것을 무엇이나 가지고 누리며 사는 것을 말하는 것이 아닙니다. 삶의 형통이란 살아가는 모든 순간 예수님과 함께하는 것입니다. 풍랑을 만나 고통을 당해도 예수님과 함께하는 것이 우리의 형통입니다.

주무시던 예수님이 일어나셔서 바람과 바다를 꾸짖으셨습니다. 잠잠하고 고요하라고 하셨습니다. 그러자 바람이 그치고 바다가 잔잔해졌습니다. 코로나19도, 우리 인생의 풍랑도, 잔잔케 하시는 분은 예수님이십니다. 우리의 실력과 기교가 아닙니다. 그러므로 자기 실력을 믿고 거기에 의지해서 사는 사람은 어리석습니다.

오늘 하루도 예수님과 함께하는 평안하고 형통한 날 되시기를 바랍니다.

기도

사랑과 은혜가 많으신 하나님 아버지, 바람을 꾸짖으시고 바다에게 명하여 풍랑을 잔잔케 하시는 아버지 하나님, 우리 인생의 풍랑도 잔잔케 하여 주옵소서. 지금 우리 사회가 통과하고 있는 코로나19라는 거대한 풍랑 속에서 우리를 지켜 보호하여 주옵소서. 코로나19라는 거대한 풍랑 앞에 우리가 두려워 떨지 말게 하시고, 여전히 우리를 선하게 인도하시는 하나님을 신뢰하며, 하나님과 함께 이 고난의 때를 잘 견디며 지나가게 하여 주옵소서.

이 땅의 교회들을 위해 기도합니다. 이 땅의 교회들이 초기 교회와 같이 사회를 향한 사랑과 헌신을 회복하게 하시고, 교회의 지도자들과 교우들이 모두 주님을 신뢰하며 믿음 안에 담대한 삶을 살게 하여 주옵소서. 매점매석과 같은 불의한 일에 교회와 성도들이 끼어들지 말게 하시고, 오히려 교회가 움킨 손을 펴서 세상을 구제하게 하여 주옵소서. 어려울 때에 교회가 빛이 되게 하시고, 소망이 되게 하여 주옵소서.

오늘 하루도 우리 모든 교우들과 그 가족들의 삶에 주의 은총을 베풀어 주옵소서. 개학이 연기되어 집에서 보내는 우리 자녀들이 시간을 선용하게 하시고, 가족들과 함께 좋은 시간 보내게 하여 주옵소서. 혹시라도 보살펴 줄 사람이 없어 쓸쓸히 있는 아이들이 있다면, 주께서 함께하여 주시고, 돌보는 손길들을 보내 주옵소서.

예수 그리스도의 이름으로 기도드리옵나이다. 아멘

적용 질문

지금 힘들어하는 일이 있습니까? 그 일을 해결하기 위해 어떤 노력을 하고 있습니까? 그 일을 해결하는 데 믿음은 도움이 됩니까?

아홉 번째 날

고통의 문제를 해결해 주십니다

마가복음 5:1-20

샬롬, 오늘은 사순절 아홉 번째 날입니다. 오늘도 예수님과 동행하는 행복한 하루가 되시기 바랍니다.

오늘 읽은 말씀은 마가복음 5:1-20절입니다.

예수님께서 바다 건너 거라사인의 지방으로 가셨습니다. 그곳에서 예수님은 더러운 귀신들린 사람을 만났습니다. 귀신들린 사람에게는 큰 힘이 있었습니다. 사람들은 그를 제어하기 위해 쇠사슬로 묶고 고랑을 채웠지만 아무 소용이 없었습니다. 귀신들린 사람은 큰 힘으로 사람들을 위협했고, 무엇보다 자기 몸을 해쳤습니다. 귀신의 힘을 빌려 강력한 힘을 가지게 되었지만, 그 힘으로 인해 오히려 자기의 삶이 파괴된 것입니다.

많은 사람이 힘을 갖고 싶어합니다. 돈의 힘, 권력의 힘, 명예의 힘, 하다못해 주먹의 힘이라도 있어야 한다고 생각합니다. 그 힘을 얻기 위해 밤낮없이 노력하고, 심지어는 부정한 일도 서슴지 않습니다. 요즘 마스크 대란이 일어난 것은 마스크의 하루 생산량 문제 이전에 그것을 매점매석한 사람들의 문제가 더 큽니다. 어떤 사람은 매점매석으로 열다섯 배의 이익을 남겼다고 합니다. 많은 사람을 고통스럽게 하고 자신은 돈의 힘을 얻은 것입니다. 그러나 그렇게 해서 얻은 힘은 주변을 해치고 자신도 해칩니다. 돈의 힘이 없어서 해를 당하는 일보다 돈의 힘이 넘쳐서 죄를 짓고 망가지는 경우가 더 많은 법입니다. 권력이 없으면 존경받으며 잘 살았을 사람이, 권력의 힘에 취해 다른 사람을 불행하게 하고, 자신도 불행한 삶을 살게 되는 경우를 우리는 많이 보았습니다.

귀신들린 사람의 힘은 그런 힘이었습니다. 그 힘은 정상적인 힘이 아니었습니다. 그 힘은 더러운 귀신에게서 나왔고, 그 힘으로 인해 그 사람의 삶은 망가졌습니다. 풍랑을 만난 제자들이 고통을 당하였듯이, 귀신들린 사람도 사실은 고통스러운 삶을 살아가고 있었던 것입니다.

그 고통의 문제를 해결해 주신 분이 예수님이십니다. 예수님은 그 사람에게서 더러운 귀신을 쫓아주셨습니다. 귀신이 나가는 순간 그 사람은 힘을 잃었지만, 평안을 얻었습니다. 그는 다시 가족에게로 돌아갈 수 있었고, 자신에게 일어난 일을 가족들에게 간증할 수 있었습니다. 부정한 힘은 그에게 고통을 주었지만, 예수님께서는 그에게 평안을 주셨습니다.

그런데 그 과정에 문제가 있었습니다. 그 사람에게서 나간 귀신이 2천 마리나 되는 돼지 떼에게 들어갔고, 그 돼지 떼가 귀신과 함께 바다에 빠져 모두 죽은 것입니다. 어떤 사람은 귀신이 나가 평안을 얻었지만, 어떤 사람은 2천 마리나 되는 돼지 떼를 잃었습니다. 돼지 떼의 주인들은 그 사실을 용납할 수 없었습니다. 망가졌던 한 사람의 인생이 회복되었다는 사실보다, 당장 자신들이 입은 경제적인 손실이 억울했습니다. 죽은 돼지 떼가 2천 마리나 되었기 때문이 아닙니다. 죽은 돼지 떼가 천 마리든, 백 마리든, 아니면 열 마리든, 한 마리든 상관없습니다. 예수님 때문에 자신들이 손해를 봤고, 이런 일이 앞으로도 또 있을 수 있다는 사실이 문제였습니다. 그래서 그들은 예수님을 쫓아냈습니다. 예수님께 자기들의 지방에서 떠나달라고 요청했습니다. 예수님이 메시아시고, 예수님이 귀신을 쫓아내시고, 예수님이 우리를 죄에서 구원하시고, 다 좋은데 자신들의 소유에 해를 끼치는 것은 용납할 수 없었던 것입니다. 그러나 2천 마리의 돼지 떼보다 한 사람의 영혼이 소중합니다. 예수님께서는 2천 마리의 돼지 떼가 아니라, 귀신 들려 고통당하는 한 사람의 영혼을 보셨습니다. 그러나 다른 사람들에게는 한 사람보다 돼지 떼가 소중했습니다.

사랑하는 성도 여러분! 우리는 어떨까요? 우리가 보고 귀하게 여기는 것은 돼지 떼와 같은 부정한 힘일까요, 아니면 한 사람의 영혼일까요? 오늘 우리에게 사람들을 향한 긍휼의 마음을 주시기 위해 기도합시다. 지금 대구에는 많은 사람의 온정이 쏟아진다고 합니다. 자신이 어렵게 구한 마스크의 1/10을 보내는 사람부터, 직접 대구로 내려가 확진 환자들을 돌보는 의사와 간호사들까지, 그리고 매상이 10%대로 줄었지만 그래도 매일 200명 이상의 식사와 음료를 무상으로 준비해주는 재래시장 상인들도 있다고 합니다. 오늘 우리에게도 이런 마음과 사랑의 헌신이 필요합니다.

첫째, 우리의 고통은 예수님께서 해결해 주십니다. 그러므로 고통스러운 일들로 인해 너무 염려하지 마시고 주 앞에 나와 기도하시기 바랍니다.

둘째, 우리들 고통의 문제는 해결될 것이니, 이제 다른 사람의 고통을 돌아봅시다. 한 사람의 생명과 영혼이 돈 몇 푼과 비교될 수 없습니다.

오늘 하루 주님께서 그러셨던 것처럼 우리도 사람들을 향한 긍휼과 사랑의 마음으로 살아갑시다. 고통당하는 자들을 긍휼히 여기셨던 주님의 은혜가 오늘 저와 여러분 모두에게 함께하시기를 바랍니다.

기도

긍휼이 많으신 하나님 아버지, 귀신들려 고통당하는 한 사람을 사랑해주시고 그에게서 귀신을 쫓아내어 평안을 주신 하나님 아버지, 오늘 우리가 당하는 고통 가운데에도 함께하셔서 우리를 평안하게 하여 주옵소서. 부정한 힘과 권력을 좇아 살았던 우리를 용서해 주옵소서. 돈이 너무 좋아서 돈을 위해 사람의 마음을 아프게 하고, 돈을 위해 부정한 일에 눈감았던 우리를 용서해 주옵소서. 하나님 앞에서 돈 문제에 솔직하지 않았고, 하나님보다 맘몬의 신, 돈의 신을 좇아 살았던 우리를 용서해 주옵소서. 주께서 명하셔서 우리 안에 있는 부정한 힘을 제거해 주옵시고, 주님 안에서만 누릴 수 있는 거룩한 평화가 임하게 하여 주옵소서.

사랑이 많으신 하나님 아버지, 주께서 한 사람의 영혼을 천하보다 귀하게 여기신 것처럼, 오늘 하루 우리도 사람을 귀하게 여기게 하시고, 사람들이 당하는 불편함을 외면하지 않게 하여 주옵소서. 이 시간 코로나19의 확진으로 고통당하는 환자들과 그들의 가족들을 위해 기도합니다. 병든 자를 볼 때마다 민망히 여기시며 고쳐주셨던 주님의 은혜로 오늘도 병든 자들을 고쳐주시고, 그들의 가정에 기쁨을 회복하여 주옵소서.

예수 그리스도의 이름으로 기도드리옵나이다. 아멘.

적용 질문

한 사람의 영혼을 구하기 위해 나는 내가 가진 것을 어느 정도까지 포기할 수 있습니까?

열 번째 날

믿을 수 없으니까 믿어야 합니다

마가복음 5:21-43

샬롬, 오늘은 사순절 열 번째 날입니다. 오늘도 예수님과 동행하는 행복한 하루가 되시기 바랍니다.

오늘은 마가복음 5:21-43절 말씀을 읽었습니다.

오늘 본문에서 예수님은 열두 해 동안이나 혈루증으로 고통당하는 한 여자를 고쳐주시고, 회당장 야이로의 죽은 딸을 살려주셨습니다.

열두 해를 혈루증으로 고통당하는 여자가 있었습니다. 혈루증은 여자가 생리 기간 외에도 계속해서 하혈하는 병입니다. 이스라엘은 이런 여자를 부정한 자로 여겼습니다. 그 여자와 접촉하는 사람도 부정하고, 그 여자가 만지는 모든 물건도 부정해진다고 여겼습니다. 그래서 혈루증을 앓는 여자는 이스라엘 공동체에 속할 수 없었습니다. 가족과도 격리되어야 했고, 다른 사람들로부터는 부정한 여자라고 손가락질을 받아야 했습니다.

오늘 본문의 여자는 이런 병을 12년째 앓아오고 있습니다. 그동안 이 여자는 병을 고치기 위해 많은 의사를 찾아다녔지만 헛수고였고 가진 재산만 다 허비했습니다. 그러는 동안에도 병은 점점 더 중해졌습니다. 그렇게 12년 동안 말할 수 없는 고통의 시간을 보낸 것입니다.

이 여자가 예수님의 소문을 들었습니다. 그리고 예수님께 나왔습니다. 그러나 부정한 이 여자는 예수님 앞에 당당히 나설 수가 없었습니다. 자기의 병을 고쳐달라고 떳떳하게 요구할 수도 없었습니다. 단지 예수님의 옷자락이라도 만지면 자기 병이 나을 것 같다는 믿음 하나 가지고 예수님께 나왔습니다. 그리고 아무도 모르게 예수님의 옷에 손을 댔습니다. 그런데 그 순간 그 여자를 괴롭히던 혈루의 근원이 말랐습니다. 여자 스스로가 자기 몸에서 병이 떠난 것을 느꼈습니다.

지금까지 혈루증을 앓던 이 여자가 만지는 것은 모두 부정해졌습니다. 그러나 그가 예수님을 만지는 순간 예수님이 부정해지신 것이 아니라 자기가 깨끗해졌습니다. 여자의 부정이 그가 만진 예수님을 부정하게 한 것이 아니라, 예수님의 거룩하심이 그를 만지는 여자도 깨끗해지게 한 것입니다.

사람들은 부정한 여자를 격리시킴으로 자기들이 깨끗해진다고 여겼습니다. 그러나 예수님은 부정한 자를 용납하고 만져주심으로 모두를 깨끗하게 하셨습니다. 그러므로 우리는 주변의 소외된 자들을 어떻게 대할지 고민해야 합니다. 어떻게 하면 그들을 격리시킬지가 아니라 어떻게 하면 그들과 함께할 수 있을지를 고민해야 합니다. 코로나19가 발병한 초기에 아산과 진천의 주민들은 코로나 바이러스의 진원지인 우한 교민들을 받아들였습니다. 그리고 그곳에 수용됐던 7백여 명의 교민들은 아산과 진천에서 두 주간의 격리 기간을 잘 마치고 모두 집으로 돌아갔습니다. 중간에 여러 과정이 있었지만, 결과적으로 아름다운 미담입니다. 이런 고민들이 우리에게도 있어야 합니다. 어떤 이유로든 친구를 왕따시키는 일은 옳지 않습니다. 사회에서도 마찬가지입니다. 우리 주변에는 여러 이유로 소외된 사람들이 있습니다. 우리 사회가 낙인찍은 혐오와 배제의 대상들이 있습니다. 사회로부터 집단으로 왕따를 당하는 것입니다. 우리가 그들을 격리시킨다고 우리가 깨끗해지는 것도 아닌데 사람들은 쉽게 그들을 격리하려고만 합니다.

사랑하는 성도 여러분! 우리는 그들을 어떻게 대해야 할까요? 우리는 어떻게 그들을 포용하고, 주님 안에서 그들과 함께할 수 있을까요? 여기에 대한 깊은 고민이 우리에게 있어야 하는 것입니다.

회당장 야이로의 딸이 죽었습니다. 딸의 죽음 앞에 아버지는 깊이 절망했습니다. 그 고통을 누가 헤아릴 수 있겠습니까? 야이로의 집에는 이미 곡하는 사람들이 있었습니다. 그들은 울며 심히 통곡했습니다. 이들의 통곡은 마치 야이로의 고통을 대변하는 듯합니다. 그런데 예수님은 아이가 죽은 것이 아니라 잔다고 하셨습니다. 그리고 고통 속에 절망한 야이로를 향해 '두려워하지 말고 믿기만 하라'고 하셨습니다. 분명 두렵고 고통스러운 상황인데, 두려워하지 말라고 하십니다. 그리고 믿기만 하라고 하십니다.

믿을 수 없는 상황에서 요구되는 것이 믿음입니다. 믿을 수 있는 상황에서는 누구나 믿을 수 있습니다. 그러나 믿을 수 없는 상황에서 믿기 위해서는 하나님에 대한 전적인 신뢰가 있어야 합니다. 우리가 비록 곤경에 처했을지라도 하나님이 옳으시고 하나님은 모든 고통에서 우리를 해방하실 분이라는 신뢰가 있어야 믿을 수 없는 상황에서도 믿을 수 있는 것입니다. 그러므로 우리의 믿음은 평안한 때가 아니라 고통스럽고 힘들 때 드러나는 것입니다. 그런 의미에서 만일 오늘 우리가 힘든 시간을 보내고 있다면 지금이야말로 우리의 믿음을 입증할 시간인 것입니다.

예수님께서 죽은 야이로의 딸을 향해 '달리다굼'하십니다. 그러자 소녀가 곧 일어나 걸었습니다. '달리다굼'은 '내가 네게 말하노니 소녀야 일어나라'는 뜻입니다. 예수님께서 야이로의 깊은 절망과 고통의 문제를 해결해 주셨습니다.

예수님은 우리의 고통을 해결해 주십니다. 예수님은 풍랑 속에 고통당하던 제자들을 구하셨고, 귀신들려 고통당하던 한 사람을 귀신으로부터 해방시켜 주셨습니다. 12년간 혈루증으로 고통당하던 여자의 병을 고쳐주셨고, 열두 살 딸의 죽음 앞에 절망한 야이로의 고통을 해결해 주셨습니다. 예수님은 오늘 우리의 고통도 해결해 주실 것입니다. 그러므로 '두려워하지 말고 믿기만' 하십시오. 믿음으로 예수님께 나와 그분의 옷자락을 잡으십시오. 오직 예수님만이 고통당하는 우리의 유일한 소망이십니다.

기도

사랑이 많으신 하나님 아버지, 고통당하는 자들을 위로하시고 그들의 고통을 해결해 주시는 하나님 아버지, 오늘 우리들 속에서도 함께하여 주옵소서. 열두 해를 혈루증으로 고통당하였던 여자처럼, 우리들에게도 오랜 시간 갈등하며 고통당하는 문제들이 있습니다. 열두 살 딸의 죽음 앞에 절망한 야이로처럼, 우리들에게도 우리들의 힘으로는 어찌할 수 없는 깊고 깊은 절망의 문제들이 있습니다. 사랑이 많으신 하나님 아버지, 거센 풍랑은 꾸짖어 잔잔하게 하시고, 더러운 귀신은 명하여 쫓아내시고, 열두 해 앓던 혈루증은 그 근원을 마르게 하시고, 죽은 소녀를 향하여서는 '달리다굼' 명하여 살게 하신 전능하신 아버지 하나님! 오늘 우리가 당하는 고통에도 함께하여 주옵소서. 매일 밤마다 고통 중에 신음하는 우리의 울음소리를 들으시고, 우리를 찾아와 위로하시며 새 힘을 베풀어 주옵소서. 이 땅의 소외되고 고통당하는 자들과 우리가 함께 살게 하시고, 어려움 속에서 우리의 믿음이 더욱 크게 드러나게 하여 주옵소서.

코로나19가 진정될 듯 진정되지 않고 있습니다. 정부와 관계자들이 최선을 다하고 있사오니 그들의 수고가 빛을 발하게 하시고, 이 땅에 가득한 전염병의 두려움에서 우리를 건져 주옵소서. 더 이상 바이러스가 확산되지 않게 하시고, 이미 바이러스에 감염되어 고통 속에 있는 자들의 병을 속히 고쳐 주옵소서.

국가적으로 어려울 때에 서로의 이익을 따라 국론이 분열되지 않게 하시고, 어려울 때마다 한마음으로 어려움을 이겨냈던 우리 민족의 저력이 이번에도 발휘되게 하여 주옵소서.

사랑이 많으신 예수 그리스도의 이름으로 기도드리옵나이다. 아멘.

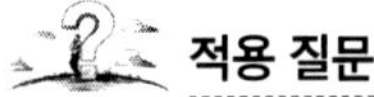

적용 질문

우리 주변에 소외되고 배제된 사람은 누가 있습니까? 우리는 그들과 어떻게 함께할 수 있을까요?

열한 번째 날

아는 것이 문제입니다

마가복음 6:1–13

샬롬, 오늘은 사순절 열한 번째 날입니다. 오늘도 주님과 더불어, 교회와 더불어, 이웃과 더불어 함께하는 행복한 하루가 되시기 바랍니다.

오늘 읽은 말씀은 마가복음 6:1-13절 말씀입니다.

예수님께서 고향으로 가셨습니다. 예수님은 베들레헴에서 태어나셨지만, 나사렛에서 30년을 사셨습니다. 그래서 예수님의 고향은 나사렛입니다. 그곳에 예수님의 가족과 친척과 이웃이 모두 있습니다. 그래서 나사렛 사람들은 예수님을 잘 알았습니다. 예수님은 마리아의 아들이고 목수입니다. 예수님의 형제로는 야고보와 요셉과 유다와 시몬이 있습니다. 예수님에게는 여동생들도 있습니다. 이 밖에도 나사렛 사람들은 예수님에 대해 아는 것이 많았을 것입니다. 그런데 예수님에 대해 많이 안다는 것 때문에 고향 사람들은 예수님을 배척했습니다.

예수님의 가르침과 권능은 놀라웠습니다. 그래도 그들은 예수님이 달갑지 않았습니다. 이스라엘은 엄격한 부계사회입니다. 그런데 그들은 예수님을 요셉의 아들이 아니라 마리아의 아들이라고 불렀습니다. 이 말 속에는 예수는 애비 없는 자식이라는 멸시와 비아냥이 있습니다. 애비도 없는 예수가 어떻게 메시아가 될 수 있고, 어떻게 이스라엘을 구할 수 있느냐는 것입니다. 그들은 예수님을 존경하지 않았고, 믿지 않았습니다. 그래서 예수님은 그곳에서 많은 권능을 행하실 수 없었습니다.

자기가 아는 것이 전부라고 생각하는 사람들이 있습니다. 신학교 시절 교수들과 침을 튀기며 싸우는 신학생들이 있었습니다. 교수가 틀리고 자기가 맞다는 것입니다. 교수는 자기 분야에서 적어도 10년 이상을 공부해서 학위를 받고, 그 후로도 계속 연구하며 강의하는 사람입니다. 그런데 신학생은 기껏해야 교회에서 잠시 한 성경공부가 전부입니다. 그런데 자기가 맞고 교수가 틀렸다는 것입니다. 지독한 편견입니다. 이런 편견이 예수님을 배척하게 하는 것입니다. 그런 편견은 믿음이 아닙니다. 그런 편견에 빠진 사람에게는 예수님께서도 권능을 행하실 수 없습니다.

신앙의 기본은 겸손입니다. 나를 내려놓고 예수님을 받아들이는 것입니다. 내가 틀릴 수도 있다고 인정하는 것입니다. 그래서 함부로 상대방을 평가하거나 정죄하지 않는 것입니다. 그래야 예수님께서도 권능을 행하실 수 있습니다.

사랑하는 성도 여러분! 편견을 깨십시오. 깨지지 않는 편견은 교만입니다. 가까이 있는 사람을 높이고 존중해 주십시오. 외모로 사람을 평가하지 마십시오. 자기에 대해서는 겸손하고, 다른 사람에 대해서는 높이고 존중해 주십시오. 그것이 옳습니다.

예수님께서 열두 제자를 전도자로 파송하셨습니다. 그동안 제자들은 예수님의 가르침을 받았고, 예수님께서 행하시는 일들을 보았습니다. 그런데 이제는 제자들이 나가서 예수님께 받은 복음을 전하고, 예수님께서 행하신 일을 해야만 합니다. 제자들은 각 고을로 흩어져 회개하라고 전하며 많은 귀신을 쫓아내고 병든 자를 고쳐야 합니다. 사람들은 제자들이 전하는 복음을 받지 않을 것입니다. 사람들은 제자들을 영접하지도 않을 것이고, 제자들의 말을 듣지도 않을 것입니다. 그래도 제자들은 예수님처럼 복음을 전해야 합니다. 이 일을 위해 제자들은 보냄을 받았습니다.

얼마나 많은 사람을 전도해서 구원해내는지가 중요한 것이 아닙니다. 예수님 말씀대로 나가서 복음 전하는 일에 순종하는지가 중요한 것입니다. 그러므로 열매에 집착할 필요가 없습니다. 열매를 맺으시는 분은 하나님이십니다. 제자들은 다만 주님의 말씀대로 나가서 복음을 전하면 되는 것입니다.

제자들을 각 고을로 보내셨던 예수님의 명령은 제자들에게만 한정된 일시적인 것이 아닙니다. 그것은 오늘날 교회와 성도들에게도 유효한 명령입니다. 오늘 우리도 나가서 복음을 전하고, 귀신을 쫓아내고, 병든 자를 고쳐야 합니다. 그것이 우리에게 주어진 소명입니다. 물론 사람들은 교회를 달가워하지 않습니다. 그러나 그렇다고 우리가 세상을 향해 나가는 일을 멈출 수는 없습니다. 우리가 나가서 몇 사람을 전도한다고 해서 세상이 바뀌지도 않습니다. 그래도 우리는 그 일을 포기하지 말아야 합니다. 중요한 것은 우리가 주님의 말씀대로 복음을 들고 세상으로 나가는 것입니다. 이 일을 위해서는 두 벌 옷도 필요하지 않고, 양식이나 돈도 필요하지 않습니다. 다만 주님의 말씀대로 순종하는 믿음이 필요할 뿐입니다.

오늘도 하나님 말씀에 순종하며 사는 우리 모두에게 하나님의 은혜와 평강이 함께하시기를 바랍니다.

기도

자비로우신 하나님 아버지, 오늘도 우리에게 새 날을 주시고, 새로운 삶을 살게 하셔서 감사합니다. 오늘 하루도 우리가 하나님과 사람들 앞에 겸손히 살게 하여 주옵소서. 편견과 고집으로 세상을 대하지 말게 하시고, 외모로 사람을 판단하거나 평가하지 말게 하여 주옵소서. 겸손과 사랑으로 모든 사람을 대하게 하시고, 주님의 말씀에 순종하여 세상에서 살게 하여 주옵소서. 오늘도 우리의 말과 행실이 예수님을 대변하게 하시고, 오늘도 우리가 용기를 내어 주님의 복음을 전하게 하여 주옵소서.

사랑이 많으신 하나님 아버지, 오늘 우리에게 권능을 주셔서 우리가 머무는 곳에서 귀신을 쫓아내게 하시고, 병든 자를 고치게 하여 주옵소서. 지금 세상은 교회를 향하여 예배를 중단하라고만 합니다. 지금 세상은 교회를 찾아와 어려운 세상을 향해 기도해달라고 부탁하지 않습니다. 지금 세상은 교회를 찾아와 우리가 어떻게 해야 하느냐고 묻지도 않습니다. 지금 세상은 교회를 향해 오로지 예배를 중단하고 모이기를 폐하라고만 합니다. 지금 세상은 교회에 대해 아무것도 기대하지 않습니다. 다만 잠자코 있으라고만 합니다. 너무 부끄럽고 치욕스러운 일이 아닐 수 없습니다.

사랑이 많으신 하나님 아버지, 교회가 교회로서의 역할을 다 하지 못하였음을 용서하여 주시고, 이제 우리 교회가 정신을 차리고 깨어나서 세상의 고통을 감당하게 하시고, 세상에서 빛과 소금 된 역할을 이루게 하여 주옵소서

예수 그리스도의 이름으로 기도드리옵나이다. 아멘.

적용 질문

편견으로 인해 오해하고 잘못된 판단을 내려 문제가 되었던 적은 없습니까?

그런 편견은 어떻게 생긴 것입니까?

열두 번째 날

그 길의 끝은 십자가입니다

마가복음 6:14–29

샬롬, 오늘은 사순절 열두 번째 날입니다. 오늘도 주님과 더불어, 교회와 더불어, 이웃과 더불어 함께하는 행복한 하루가 되시기 바랍니다.

오늘은 마가복음 6:14-29절까지의 말씀을 읽었습니다.

예수님이 제자들을 각 고을에 전도자로 파송했습니다. 그리고 제자들은 성공적으로 그 일을 감당했습니다. 제자들은 회개의 복음을 전했고, 많은 귀신을 쫓아내며 많은 병자를 고쳤습니다. 제자들의 사역은 놀라웠고, 그들의 소문은 헤롯의 귀에까지 들어갔습니다. 이 일로 인해 사람들은 예수님을 엘리야나 선지자나 죽은 세례 요한이 살아난 것이라고 여겼습니다. 분봉 왕 헤롯도 예수님을 자기가 죽인 세례 요한이 살아난 것이라고 생각했습니다. 예수님의 인기는 높아졌고, 예수님과 그를 따르는 제자들의 앞길은 활짝 열린 듯했습니다. 그런데 성경은 느닷없이 세례 요한의 죽음을 이야기합니다.

여러분도 알다시피 세례 요한의 소명은 주의 길을 예비하는 것입니다. 세례 요한은 예수님보다 6개월 먼저 태어나서 예수님의 삶을 준비했습니다. 그리고 오늘 본문에서 허무하게 죽음으로 예수님의 성공 신화가 아니라 그분의 죽음을 예비합니다.

사실 세례 요한은 대단한 사람입니다. 그의 출생은 천사에 의해 예고되었습니다. 예수님께서는 여자가 낳은 자 중에 세례 요한보다 큰 자가 없다고 하셨습니다. 당시의 많은 사람들은 세례 요한이 기다리던 메시아일지도 모른다고 생각했습니다. 당연히 세례 요한의 인기는 대단했고, 따르는 제자들도 많았습니다. 그런데 그런 세례 요한이 갑자기 죽습니다. 한 여자아이의 춤 값으로 목이 베어져서 죽습니다. 이렇게 허무한 죽음이 있을 수 없습니다. 세례 요한은 왜 이렇게 죽어야 했을까요?

세례 요한의 죽음은 예수님의 죽음을 준비합니다. 예수님도 그렇게 죽을 것입니다. 예수님도 그렇게 허무하게 죽을 것입니다. 지금 유대 온 지역에 예수님에 대한 소문이 퍼졌습니다. 예수님은 가는 곳마다 병든 자들을 고치셨고, 귀신들린 자에게서 귀신을 쫓아내셨습니다. 예수님의 가르침은 권위 있는 가르침이었습니다. 그 당시 서기관이나 바리새인들의 가르침과는 달랐습니다. 마침 예수님의 제자들이 각 고을을 다니며 병든 자를 고치고 귀신을 쫓아냈습니다. 그러면서 예수님의 인기는 더 올라갔습니다. 이렇게 쭉 나가면 예수님이 모든 민심을 얻어 왕이 될 수도 있을 것 같았습니다. 그 길이 보이는 것 같았습니다. 그러나 그 길은 예수님의 길이 아닙니다.

예수님의 길은 성공하여 왕이 되는 길이 아닙니다. 예수님의 길 끝에는 십자가가 있습니다. 예수님은 십자가 위에서 허무하게 죽을 것입니다. 예수님은 채찍에 맞을 것이고, 사람들은 예수님을 조롱할 것입니다. 지금 예수님을 향해 환호하는 사람들은 그때 예수님을 죽이라고 소리칠 것입니다. 그리고 예수님은 왕이 돼서 세상을 호령하는 대신 십자가 위에서 초라하게 죽으실 것입니다. 이 길이 예수님이 가실 길이고, 제자들이 따라야 할 길입니다.

성공적인 전도사역을 마치고 예수님의 제자들은 한껏 들떠 있었습니다. 예수님을 따라나서길 잘했다는 생각도 들었을 것입니다. 잘만 하면 예수님께서 왕이 되실 때 자기들도 한 자리 차지할 것이라고 기대했을 수도 있습니다. 그런데 예수님은 제자들의 그런 기대를 저버리십니다. 그리고 세례 요한의 죽음을 이야기하십니다. 예수님은 제자들의 잘못된 기대를 경계하십니다. 그래서 오늘 본문은 어제 읽은 7-13절 말씀과 내일 읽을 30절 이하의 말씀 사이에 있는 것입니다. 7-13절은 제자들이 회개의 복음을 전하며 병든 사람을 고치고 귀신을 쫓아내는 이야기고, 30절 이하는 자신들의 성공적인 사역을 보고하는 내용과 보리 떡 다섯 덩이와 물고기 두 마리로 5천 명을 먹이시는 이야기입니다. 모두 놀라운 성공의 이야기입니다. 그런데 제자들이 그 성공에 도취되지 않게 하기 위해서 오늘 본문에 세례 요한의 죽음을 이야기하는 것입니다. 이를 통해 성공이 아니라 죽음이 예수님의 길임을 환기시키고, 제자들이 따라야 할 길도 그 길임을 가르치시는 것입니다.

사랑하는 성도 여러분! 예수님이 가셨던 길, 제자들이 따랐던 길, 그 길이 우리가 가야 할 길입니다. 주님을 따르는 길에 세상의 영광은 없습니다. 출세와 성공의 보장도 없습니다. 오히려 손해 보고, 손해 보고, 또 손해 보며 자신을 내려놓아야 하는 길입니다. 예수님이 죽으셔서 우리를 살리셨던 것처럼, 우리도 죽어서 다른 사람을 살리는 길입니다. 그 길이 우리가 가야 할 길입니다. 우리의 영광은 이 땅이 아니라 하나님 앞에 있는 것입니다.

그러므로 사랑하는 성도 여러분! 오늘 하루 주님께서 가신 길을 묵상하며 그 길을 따라갑시다. 그 길은 좁은 길이고, 험하고 불편하지만 생명의 길입니다. 그 길 끝에는 주님이 계십니다.

기도

사랑이 많으신 하나님 아버지, 우리가 일찍부터 주님을 알고, 주님을 믿고, 주님의 제자가 되어서 주님께서 가신 길을 따라가겠다고 다짐하며 살게 하셔서 감사합니다. 우리는 주님께서 가신 좁은 길을 가겠다고 늘 다짐했습니다. 그런데 우리는 자꾸 넓고 편한 길만 쳐다봅니다. 주께서 맡기신 사명 다 잊어버리고, 주님만 따르겠다던 약속도 잊어버리고 살아갑니다. 위로하기보다는 위로받으려 하고, 사랑하기보다는 사랑받으려고만 합니다. 주께서 맡기신 재물로는 우리의 배만 채우며 살아가고 있습니다. 사랑이 많으신 하나님 아버지, 우리의 연약함을 긍휼히 여겨 주옵소서. 우리가 좁고

험해도 주님 가신 길을 따라가며 살게 하여 주옵소서. 땅의 성공과 영광이 아니라 하나님 나라의 소망을 바라며 살게 하여 주옵소서.

사랑이 많으신 하나님 아버지, 이 시간 교회를 위해서 기도합니다. 이번 주일에도 많은 성도들이 교회에 모이지 못할 것입니다. 이번 주일에도 많은 교회의 예배당이 텅텅 비게 될 것입니다. 하나님 아버지, 우리를 긍휼히 여기사 코로나19가 속히 진정되게 하시고 우리 모두 평범한 일상을 회복하여 살게 하여 주옵소서. 교회가 다시 하나님을 예배하는 곳이 되게 하시고, 더 나아가 교회가 이 시대의 등불이 되게 하여 주옵소서. 매일 힘든 삶을 살아가는 이 땅의 모든 주의 백성들에게 주님의 한없는 은총을 베풀어 주옵소서.

예수 그리스도의 이름으로 기도드리옵나이다. 아멘.

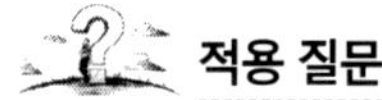

적용 질문

지금 우리가 가는 길의 끝에는 무엇이 있을까요? 그곳에서 우리는 주님을 만날 수 있을까요? 그렇다면 왜 그렇게 생각합니까?

열세 번째 날(주일)

부끄럽지 맙시다

사도행전 3:18

어제 문자로 잠깐 이야기했지만 지난 주간에는 제가 목사인 것이 수치스럽다는 생각이 들었습니다. 요즘 이 사회가 교회와 목사를 대하는 방식이 참 무례합니다. 무례하다는 것은 교회와 목사를 대접하지 않는다는 것이 아니라 교회와 목사를 향해 요구해야 할 것은 요구하지 않고 엉뚱한 것만 요구한다는 것입니다. 물론 그 책임은 전적으로 교회와 목사에게 있습니다.

요즘 관공서에서 문자와 전화가 많이 옵니다. 내용은 딱 두 가지입니다. '지난 일요일에 예배드렸느냐?', '이번 일요일에 예배드릴 것이냐?' 지난 주일에 예배드렸고, 이번 주일에도 예배드린다고 하면 굉장히 냉소적으로 이야기하고 전화를 끊습니다. 처음에는 제가 별 생각이 없었습니다. 오히려 우리가 주일에 여전히 모여서 예배를 드린다는 사실이 미안하기까지 했습니다. 사실 이 부분에 대해서는 아직도 제 마음에 갈등이 많습니다. 그 갈등에 대해서는 지난 주일에 설교를 했습니다. 그런데 지난 주간에는 이런 생각이 들었습니다. 구청 직원이 전화해서 지난 일요일에 예배를 드렸는지, 그리고 이번 일요일에도 예배를 드릴 것인지 묻는 것은 저들이 당연히 해야 할 일입니다. 저는 거기에 아무런 불만도 없습니다. 그런데 문득 이런 생각이 들었습니다. 교회에 전화하는 사람들 중에 '지금은 모두 어려울 때이니 교회가 기도해달라'고 부탁하는 사람이 왜 한 사람도 없는 것일까? 그렇지 않습니까?

여러분은 혹시 여러분 주위에서 최근에 이런 말을 들어본 적이 있습니까? "어려운 시대를 위해 교회가 기도해 주십시오", "모두 어려운 때이니 목사와 성도들이 기도해 주십시오". 제가 요즘 거의 모든 시간 교회에 있느라 만나는 사람도 없습니다마는 저는 개인적으로도 이런 부탁을 받은 적이 없습니다. "교회가 나라를 위해 기도해 주십시오", "코로나19 문제가 속히 해결되기 위해 목사님이 기도 좀 해 주십시오". 제가 목사임에도 불구하고 이런 요구를 한 번도 듣지 못했습니다. 심지어는 성도들조차 목사인 저에게 이런 기도를 부탁하지 않습니다. 지금 교회에 대한 사람들의 관심은 오직 교회가 예배를 위해 모이는가 모이지 않는가에만 있습니다. 교회가 여전히 예배를 위해 모이면 그것은 민폐라 생각하고, 교회가 주일에 모이지 않는다고 하면 그것은 당연한 일이라고 생각합니다. 다른 것은 아무 관심도 없습니다. 지금 교회 밖에서 볼 때 교회는 신천지와 똑같습니다. 그들이 볼 때는 교회도 교회고 신천지도 교회입니다. 지금 교회가 그런 대접을 받고 있는 것입니다.

물론 이 모든 게 자업자득이라고 할 수 있겠지만 저는 이 사실이 너무 수치스럽고 부끄럽습니다. 왜 이렇게 된 것일까요? 제가 지난 주간에 이 문제를 많이 생각했습니다. 그런데 생각하고 또 생각해도 그 대답은 하나입니다.

"지금 세상은 교회에 아무것도 기대하지 않는다".

"지금 세상은 목사와 성도들에게 아무것도 기대하지 않는다".

참 부끄러운 일이지만 현실이 그렇습니다. 그리고 이 모든 일에 대한 책임은 전적으로 교회와 성도들에게 있습니다. 저는 지난 주간 이 사실이 너무 부끄러웠습니다. 그런데 세상은 왜 교회를 이렇게 대하는 것일까요? 사람들은 왜 교회에 아무런 기대도 하지 않는 것일까요? 지금 우리나라뿐 아니라 전 세계가 정말 어려운 시절을 보내고 있는데 왜 세상은 목사와 성도들에게 기도해달라고 부탁하지 않는 것일까요? 우리에게 뭔가 문제가 있는 것은 아닐까요?

이미 오래전부터 교회는 사회에서 많은 욕을 먹고 있습니다. 방송이나 신문 등 언론 매체는 교회에 호의적이지 않습니다. 어떤 교회에 조그만 문제라도 있으면 그것을 트집잡아 한국 교회 전체를 비판하고 정죄합니다. 그러면 사람들은 "교회가 그렇지 뭐…", "교회가 그럴 줄 알았어"와 같은 반응을 보입니다. 참 부끄러운 일입니다. 왜 이렇게 된 것일까요?

교회가 처음부터 이렇게 세상의 멸시를 받은 것은 아닙니다. 교회에는 항상 핍박이 있었지만, 그러나 교회는 항상 두려움의 대상이었고, 문제가 있을 때마다 찾아와 답을 찾는 곳이었습니다.

오늘 사도행전 3:6절 말씀을 읽었습니다. 이 말씀은 베드로가 나면서부터 앉은뱅이인 사람에게 하는 말입니다. "은과 금은 내게 없거니와 내게 있는 이것을 네게 주노니 나사렛 예수 그리스도의 이름으로 일어나 걸으라".

베드로와 요한이 기도하러 성전에 올라갔습니다. 그런데 성전 미문에서 구걸하는 한 사람을 만납니다. 이 사람은 나면서부터 못 걷게 된 사람이고, 매일 성전에 나와서 구걸하는 사람입니다. 이 사람이 성전 미문에서 베드로와 요한을 만나 구걸합니다. 그때 베드로와 요한이 그 걸인을 보고 이렇게 말합니다. "은과 금은 내게 없거니와 내게 있는 이것을 네게 주노니 나사렛 예수 그리스도의 이름으로 일어나 걸으라".

저는 이것이 교회의 모습이라고 생각합니다. 이것이야말로 교회의 모습이고, 목사와 성도들이 회복해야 할 모습입니다. 교회와 성도들의 자랑은 은과 금에 있지 않습니다. 우리의 자랑은 오직 나사렛 예수 그리스도의 이름에 있습니다. 이 사실을 우리도 알고 세상도 알아야 합니다. 그런데 지금까지 교회는 나사렛 예수 그리스도의 이름이 아니라 은과 금만 자랑했습니다. 수백억, 수천억짜리 건물을 짓고 그 건물을 자랑했습니다. 그리고 그 건물에 사람들이 꽉꽉 들어찬 모습들만 자랑했습니다. 작은 교회는 그렇게 큰 교회를 부러워했고, 작은 교회의 목사와 성도들은 그렇게 많은 사람이 모이는 교회를 부러워했습니다. 그래서 언제부턴가 교회의 목표는 부흥이 되었습니다. 언제부턴가 교회는 어떻게든 사람들을 불러모으는 곳이 되었습니다. 사람들을 모으기 위해 냄비도 선물하고 프라이팬도 선물했습니다. 그리고 그렇게 모인 사람들을 자랑했습니다.

사람들이 모이면 더 큰 교회를 지었고, 더 큰 교회를 지으면 더 많은 사람들이 모여들었습니다. 언제부턴가 교회는 이런 반복을 멈출 수 없게 되었습니다. 그러다 이번 코로나19 사태를 접하고 보니 그동안 교회가 자랑하던 은과 금이 아무것도 아닌 것을 보게 되었습니다. 수백억, 수천억을 들여 지은 예배당은 텅텅 비었습니다. 그곳에 가득한 성도들은 썰물처럼 교회를 빠져나갔습니다.

사랑하는 성도 여러분! 우리가 그토록 소중하게 생각하는 은과 금은 하나님이 한 번 불어버리면 날아갈 것들입니다. 그것들은 우리의 자랑이 될 수 없는 것들이라는 것입니다.

지금에 비해 초기 교회는 보잘것없었습니다. 지난 주일에 설교했지만, 초기 교회들은 대부분 가정에서 모이는 교회들이었습니다. 그들에게는 자랑할 만한 건물도 없었고, 사회의 주류를 형성할 만큼 많은 성도들도 없었습니다. 그저 소수의 사람들이 몇몇 가정집에서 모이는 것이 전부였습니다. 그런데 그때의 교회에는 사람들이 함부로 할 수 없는 힘이 있었습니다.

사도행전 2장에 보면 오순절 성령 강림 후 베드로가 설교를 합니다. 베드로는 우리에게나 위대한 사도이지 그 당시 사람들에게 베드로는 하찮은 어부였고, 실패한 스승인 예수를 따라다니던 별 볼 일 없는 사람이었습니다. 그런 베드로가 설교를 했습니다. 그런데 베드로의 설교를 들은 사람들은 "그러면 우리가 어찌할꼬"하며 탄식했습니다. "그러면 우리가 어떻게 해야 합니까?" 사람들은 베드로를 향해 이렇게 물었습니다. 그러자 베드로는 "너희가 회개하여 각각 예수 그리스도의 이름으로 세례를 받고 죄 사함을 받으라 그리하면 성령을 선물로 받으리라"고 대답합니다. 그러자 사람들이 앞다투어 세례를 받았습니다. 그렇게 세례를 받고 교회에 몰려든 사람이 하루에만 무려 삼천 명입니다.

베드로는 돈 버는 법을 설교한 것이 아닙니다. 베드로는 출세하고 성공하는 방법을 설교하지도 않았습니다. 베드로는 '너희 모두 죄인이니 회개하고 세례 받으라'고 설교했습니다. 그게 다입니다. 오늘날 우리가 아주 싫어하는 설교입니다. 그런데 그 설교를 들은 사람들은 회개하고 세례를 받기 위해 교회로 몰려들었습니다.

이런 이야기는 아주 많습니다. 사도행전 16장에서 빌립보 감옥의 간수는 바울과 실라를 향해서 "선생님들, 내가 어떻게 하면 구원을 받을 수 있겠습니까?"라고 물었습니다. 당시 바울과 실라는 선생님이라 불릴 만한 외모가 아니었습니다. 당시 바울과 실라는 매를 몹시 맞아서 온몸이 상처투성이였습니다. 입은 옷은 다 찢어져서 속살이 드러나고, 두 발은 차꼬에 매인 채 깊은 감옥에 갇혀 있었습니다. 외모로 치면 바울과 실라는 감옥의 간수와 비교가 되지 않습니다. 그러나 간수는 바울과 실라 앞에 무릎을 꿇고 벌벌 떨면서 "선생님들, 내가 어떻게 하면 구원을 얻을 수 있겠습니까?"라고 물었습니다. 그러자 바울이 대답합니다. "주 예수를 믿으라 그리하면 너와 네 집이 구원을 받으리라"(행 16:31).

바울은 감옥에 갇힌 죄수입니다. 간수는 그 감옥을 지키는 관리입니다. 그런데 주 예수를 믿고 구원을 받으라는 바울의 말에 간수는 아직 석방되지도 않은 바울을 자기 집으로 부릅니다. 그리고 온 가족이 다 세례를 받고 예수를 믿습니다. 감옥을 지키는 간수가 감옥에 갇힌 죄수의 말을 듣고 회개하고 예수를 믿은 것입니다. 후에 이 간수는 빌립보교회를 개척하는 창립 멤버가 됩니다.

이게 교회입니다. 감옥이나 궁궐이 중요한 것이 아닙니다. 감옥에 있든지 궁궐에 있든지 어디에 있든지 예수를 자랑하고 예수를 전할 수 있는 사람들이 성도들이고, 그들이 모인 곳이 곧 교회인 것입니다.

사랑하는 성도 여러분! 교회와 성도들의 자랑은 은과 금에 있지 않습니다. 우리의 자랑은 오직 나사렛 예수 그리스도의 이름에 있습니다. 예수를 자랑하는 모임이 교회이고, 예수를 자랑하는 사람들이 성도입니다. 그런데 지금까지 교회는 그 부분에 있어서 많이 부족했던 것입니다.

코로나19가 진정될 듯 진정되지 않고 있습니다. 저는 사실 오늘 예배를 위해 교회에 모여야 하는지 고민이 많았습니다. 지난 주일까지는 그렇지 않았는데 오늘 모임은 진짜 많은 고민이 됐습니다. 그러니 다음 주일은 진짜 어찌될지 모르겠습니다. 초·중·고등학교는 이미 개학을 23일까지 연기한 상태인데 어쩌면 4월까지 더 연기를 해야 할지도 모른다고 합니다. 대부분의 자영업자들은 이미 경제적으로 큰 어려움을 겪고 있고 이제는 대기업도 문제라고 합니다. 그러니 우리 모두 코로나19 사태가 빨리 지나갈 수 있도록 기도해야 합니다.

그런데 다른 한편으로 지금 이런 상황이 교회에는 큰 기회라는 생각이 듭니다. 지금이야말로 교회가 정신을 차리고 교회 본연의 모습을 회복해야 할 때입니다. 지금 교회는 이 문제를 고민해야 하고 그리고 새로 시작할 수 있어야 합니다. 교회가 은과 금이 아니라 나사렛 예수 그리스도의 이름을 자랑하는 본질을 회복해야 합니다. 그래서 정말 어려운 시절에 사람들이 교회를 향해, '우리를 위해 기도해 달라'고 부탁하게 해야 합니다.

지금 교회마다 예배가 축소되고 있습니다. 교회마다 인터넷 예배를 드린다고 하지만 정말 모든 예배를 챙겨서 드리는 사람들이 얼마나 되겠습니까? 아마도 성도들 중 많은 사람들은 지금 예배를 쉬고 있을 것입니다. 특히 주일학교 아이들은 그렇지 않겠습니까? 부모와 함께 교회에 나오던 아이들은 부모와 함께 예배드리겠지만 부모 없이 교회에 오던 아이들은 지금 어떻게 예배를 드리고 있을까요? 그 아이들 중 대부분은 예배 없이 주일을 보내고 있지 않을까요? 그러면 이번 코로나19가 지나가면 그 아이들은 모두 교회에 다시 나올까요? 그래서 주일학교 선생님들은 지금 그 아이들을 열심히 돌아보셔야 합니다. 단지 아이들이 교회에서 멀어지고, 주일학교 출석률이 저조해질까봐 그러는 것이 아닙니다. 아이들이 본질적으로 믿음을 떠날까봐 걱정이 되기 때문에 그러는 것입니다.

그러므로 사랑하는 성도 여러분! 첫째, 여러분 주위를 잘 돌아보십시오. 돌봐야 할 사람이 있으면 최선을 다해 돌봐 주십시오. 직접 찾아가지 못하더라도 전화를 하고 문자를 해서 잘 지내는지 물어보십시오. 아프지는 않은지, 예배는 드리고 있는지, 도와줄 일은 없는지 물어보십시오.

둘째, 기도를 회복하십시오. 지난 한 달, 여러분은 얼마나 기도하셨습니까? 교회에 모이지 못하니 기도도 쉬고 있는 것은 아닙니까? 기도하지 않는 교회와 성도는 힘이 있을 수가 없습니다. 지금 기도하는 시간이 여러분 믿음의 분량이고, 여러분 믿음의 수준입니다. 그러니 어떻게든 기도하십시오. 기도할 시간을 내고, 기도할 장소를 찾으십시오. 조금 한가한 시간에 교회에 오셔도 괜찮습니다. 코로나19 사태가 잘 진정되기 위해 기도하십시오. 여러분 주위 사람들에게 전화해서 무엇을 위해 기도해 줄지 물어보십시오. 여러분 주위에 전화를 하거나 문자를 보내서 코로나19가 잘 지나가기 위해 교회가 기도하고 있으니 힘내라고 전해주십시오. 이게 지금 우리가 해야 할 일입니다.

셋째, 예배를 회복하십시오. 지금은 우리가 정말 하나님을 예배하던 자들인지 아니면 그저 교회에 출석만 하던 자들인지 확인할 수 있는 때입니다. 사랑하는 성도 여러분! 교회가 공적으로 예배하는 시간이 있습니다. 그 시간에 여러분이 어디에 있든지 예배에 참여하십시오. 영상이 있으면 영상으로 예배드리고, 음성만 있으면 음성만으로 예배드리십시오. 잘 준비한 마음과 자세로 예배드리십시오. 특별히 가족이 모두 함께 예배드리십시오.

넷째, 우리가 할 수 있는 헌신을 주저하지 마십시오. 지난 주중에 송남권 집사님이 마스크 나눔에 대해 밴드에 올렸습니다. 가능하다면 여러분이 동참해 주십시오. 물론 무리할 필요는 없습니다. 집에서 쓸 것도 없는데 무리해서 참여하지 않아도 됩니다. 그렇다고 미안해할 것도 없습니다. 그러나 할 수 있는 여력이 있으면 힘껏 참여해 주십시오. 이것 말고도 많을 것입니다. 지금은 우리가 서로 돕고 헌신할 때입니다.

하나님의 도우시는 은혜가 여러분과 우리가 사는 모든 곳에 함께 하시기를 기도합니다.

적용 질문

우리 교회에 있는 자랑은 무엇입니까? 또 부끄러움은 무엇입니까? 그런 자랑과 부끄러움은 정당한 것일까요?

열네 번째 날

안심하라, 내니 두려워하지 말라

마가복음 6:45-56

할렐루야, 오늘은 사순절 열네 번째 날입니다. 오늘도 주님과 더불어, 교회와 더불어, 이웃과 더불어 함께하는 행복한 하루가 되시기 바랍니다.

오늘은 마가복음 6:45-56절까지의 말씀을 읽었습니다.

예수님이 제자들을 재촉하여 바다 건너 벳새다로 가게 하십니다. 그리고 예수님은 기도하기 위해 혼자 산에 오르십니다. 그런데 제자들은 바다를 건너다 역풍을 만나 고생합니다. 그들은 힘겹게 노를 저었지만 앞으로 나가지 못했습니다. 그때 시간이 밤 사경쯤 되었다고 했습니다. 밤 사경이면 우리 시간으로 새벽 3시에서 6시까지를 말합니다. 그러니까 제자들은 바다 한가운데에서 밤새도록 고생하고 있었던 것입니다.

여러분은 밤바다 하면 떠오르는 모습이 있습니까? 밤바다는 그야말로 칠흑 같은 어둠입니다. 예수님 당시에는 요즘 같은 불빛도 없었을 것입니다. 그러니 지금보다 훨씬 더 깜깜했을 것입니다. 그래서 밤바다는 어둠의 정중앙입니다. 아무것도 보이지 않습니다. 그곳에서 제자들이 밤새 노를 저으며 고생하고 있습니다. 그런데 그 모습을 예수님이 지켜보고 계셨습니다. 그래서 예수님은 바다를 걸어서 제자들에게 오십니다. 제자들은 예수님을 보고 유령이라 여겨 소리지르며 무서워했지만, 예수님께서는 "안심하라. 내니 두려워하지 말라"고 하십니다. 그리고 제자들이 탄 배에 오르십니다. 그러자 바람이 그쳤습니다.

우리 삶에도 이런 고난의 때가 있습니다. 앞은 보이지 않고, 아무리 수고해도 나아지는 게 없습니다. 오랜 시간이 지나도 늘 제자리 걸음입니다. 게다가 역풍이 불어 우리의 삶은 위태롭기만 합니다.

코로나19가 시작된 지도 벌써 오래되었습니다. 정부와 관계자들이 쉬지 않고 수고하지만 확진 환자는 늘어가고 아직도 나아질 기미는 보이지 않습니다. 오히려 세계 곳곳에서 코로나19가 맹렬히 확산되고 있습니다. 국경은 폐쇄되고 죽는 사람은 늘어갑니다. 어느덧 우리 마음 깊숙한 곳에 두려움이 자리잡았습니다. 예배를 드리기 위해 모여도 마음이 편치 않고, 교우들을 만나도 손을 맞잡을 수 없습니다. 그러나 사랑하는 성도 여러분! 이 모든 것을 주님께서 보고 계십니다. 우리의 아픔에 주님께서 함께 아파하시고, 우리의 고난에 주님께서 함께 고통당하십니다. 그렇게 우리의 고난을 체휼하신 주님께서 말씀하십니다.

"안심하라, 내니 두려워하지 말라".

이렇게 말씀하시는 주님은 하나님이십니다. 떨기나무 불꽃 가운데 모세에게 나타나서서 '나는 스스로 있는 자다'라고 말씀하신 하나님이 오늘 우리에게 '내니 두려워하지 말라'고 하시는 바로 그 하나님이십니다.

깊은 밤이 지나면 새벽이 옵니다. 칠흑 같은 어둠이 지나면 광명한 빛이 비칩니다. 어둠은 지나가고 새벽은 오는 법입니다. 그러므로 모든 일에 너무 두려워하지 마십시오. 안심하십시오. 주께서 우리를 보고 계시고, 주께서 우리 인생의 배에 함께 올라 계십니다. 이제 곧 역풍은 그칠 것이고 날은 밝을 것입니다.

예수님이 홀로 기도하기 위해 산에 오르셨습니다. 제자들이 역풍을 만나 바다 한가운데서 고통당할 때 예수님은 산 위에 올라 홀로 밤새도록 기도하셨습니다. 이때 예수님은 무엇을 기도하셨을까요? 이때 예수님은 왜 혼자 기도하러 가셨을까요? 오늘과 똑같은 사건을 요한복음에서도 기록했습니다. 그런데 요한복음에서 보면 오병이어를 목격한 사람들은 예수님을 억지로라도 붙들어서 임금으로 세우려 했습니다. 예수님은 그런 사람들을 피해서 제자들을 급히 바다 건너로 보내신 것이고, 본인은 기도하기 위해 산으로 오르신 것입니다.

임금의 자리는 누구나 탐낼 만한 자리입니다. 그러나 그 길은 예수님이 가실 길이 아닙니다. 그럼에도 불구하고 그 길은 예수님이나 제자들이 쉽게 떨칠 수 없는 유혹이었습니다. 그래서 예수님은 제자들을 재촉하여 무리에게서 떨어뜨리셨고, 본인 스스로는 하나님 앞에 나와 밤새워 기도하신 것입니다. 왜냐하면 그렇게 도망가고, 그렇게 기도하지 않고서는 왕이 되라는 유혹을 이길 수 없었기 때문입니다.

우리는 크고 작은 유혹에 걸려 매일 넘어집니다. 우리는 유혹을 이길 만큼 강하지 않습니다. 돈의 유혹, 이성의 유혹, 권력의 유혹, 이런 유혹들에 우리는 수없이 넘어집니다. 그래서 우리는 기도해야 합니다. 기도하지 않고서는 아무도 유혹을 이길 수 없기 때문입니다. 돌이 떡이 되게 하는 유혹, 성전 꼭대기에서 뛰어내리는 유혹, 천하만국과 그 영광을 모두 갖게 되는 유혹, 예수님께서는 이런 유혹들을 이기기 위해서 40일을 금식하며 기도하셨습니다.

사랑하는 성도 여러분! 자신의 연약함을 인정하고 하나님 앞에 나오십시오. 그리고 겸손히 기도하십시오. 유혹에 넘어지지 않게, 풍랑에 쓰러지지 않게, 하나님의 도우심으로 오늘 하루도 견디며 살아낼 수 있게 하나님 앞으로 나와 기도하십시오.

'안심하라. 내니 두려워하지 말라'는 주님의 말씀이 오늘 하루 우리와 함께하며 우리를 도우실 것입니다.

기도

전능하신 하나님 아버지, 우리가 당하는 고난을 외면하지 않으시고, 바람을 헤치고 바다를 걸어서라도 고난당하는 우리를 찾아와 도와주시는 하나님 아버지, 감사합니다. 오늘도 삶의 고단함에 지치고, 세상에 가득한 질병과 사고로 인해 두려워 떠는 우리를 찾아오셔서 '안심하라. 내니 두려워 말라'고 위로하시고 힘을 주시는 아버지 하나님, 감사합니다. 오늘도 하나님의 은혜를 힘입어 우리의 삶을 살아갑니다. 견뎌야 할 것은 잘 견디게 하시고, 감당해야 할 것은 잘 감당하게 하시고, 이루어야 할 것은 잘 이루며 오늘도 살게 하여 주옵소서. 오늘도 우리 앞에 크고 작은 유혹들이 있습니다. 돈의 유혹, 이성의 유혹, 권력의 유혹이 있습니다. 그 유혹 앞에 우리는 작고 작아서 늘 넘어지고 또 넘어집니다. 주님의 도우심이 아니고서는 우리는 아주 작은 유혹도 이기지 못합니다. 하나님 아버지, 우리를 도와주옵소서. 유혹에 걸려 넘어지지 않게 우리의 길을 인도해 주옵소서. 오늘도 우리 때문에 상처받고 힘들어하는 사람이 없게 하여 주옵소서. 이 땅에 병들고 가난한 자들을 찾아가 위로해 주시고 주님의 긍휼을 베풀어 주옵소서. 코로나19 확진환자가 나와 어려움 중에 있는 생명수교회와 목사님과 교우들에게 힘과 위로를 더해 주옵소서. 교회가 어려운 때를 잘 견디게 하시고, 성도들의 마음이 나누어지지 않게 하여 주옵소서.

예수님의 이름으로 기도드리옵나이다. 아멘.

적용 질문

떨쳐내기 힘든 유혹이 있습니까? 그것을 왜 유혹이라고 생각합니까? 그 유혹을 이기기 위해 무엇을 하고 있습니까? 그 유혹을 이기게 해 달라고 하나님 앞에 나와 기도해 보셨습니까?

열다섯 번째 날

외식하는 전통들

마가복음 7:1–23

할렐루야, 오늘은 사순절 열다섯 번째 날입니다. 오늘도 주님과 더불어, 교회와 더불어, 이웃과 더불어 함께하는 행복한 하루가 되시기 바랍니다.

오늘 읽은 말씀은 마가복음 7:1-23절입니다.

예수님께서는 사람의 전통을 지키기 위해 하나님의 계명을 저버리는 바리새인과 서기관들의 외식을 책망하셨습니다.

예수님의 제자 중 몇 사람이 씻지 않은 손으로 떡을 먹었습니다. 그 모습을 본 바리새인과 서기관들은 예수님의 제자들이 장로들의 전통을 지키지 않고 부정한 손으로 떡을 먹었다고 예수님께 따졌습니다. 장로들의 전통이란 모세의 율법에 대한 해석을 규범화한 것으로 유대인들에게는 율법과 동등한 것으로 여겨졌습니다. 구체적으로 손을 잘 씻고 음식을 먹는다거나, 잔과 주발과 놋그릇을 씻는 것들이 장로들의 전통이었습니다. 그러나 이런 전통들은 가난한 유대인들은 애초에 지키기 힘든 것들이었습니다. 이런 장로들의 전통을 모두 지키기 위해서는 넉넉한 시간도 있어야 하고, 먹고 살기에 부족함도 없어야 하고, 의식으로 하나님을 가까이 할 수 있는 어느 정도의 구별된 신분도 있어야 했습니다.

예를 들어 오늘날 매일 새벽예배를 드리고, 수요일과 금요일 모임에도 나오고, 주일 오전과 오후 예배에 모두 참석하고, 정확한 십일조를 드리고, 그 외에 감사헌금과 건축헌금과 구제헌금을 매주 드리고, 선교헌금과 주일 헌금도 드리고, 하루에 한 시간 이상 매일 기도하고, 어려운 사람이 있으면 찾아가서 돌봐주고, 필요할 때마다 교회에 와서 봉사하고, 성경공부하고, 함께 나가 전도하고, 구역모임 모이고, 성가대나 교사도 하고, 주방 봉사도 하고… 오늘날 이런 것을 모두 잘 하면서 교회에 나올 수 있는 사람은 거의 없습니다. 왜냐하면 교회에 와서 이런 것을 모두 하기 위해서는 믿음 외에도 요구되는 것이 많기 때문입니다.

우선 헌금을 하려면 돈이 있어야 합니다. 그 말은 어느 정도 살만해야 한다는 것입니다. 당장 먹고 살기도 어려운데 이렇게 다양한 헌금을 모두 할 수는 없습니다. 이런저런 모임에 성실히 나오기 위해서는 시간이 있어야 합니다. 그 정도 시간을 내기 위해서는 우선 직장에 매이지 않아야 합니다. 때마다 돌봐야 할 아이들도 있어서는 안 됩니다. 집안 식구들의 이해와 협조도 있어야 하고, 무엇보다 건강해야 합니다. 성가대를 하려면 음악적인 센스가 있어야 하고, 교사를 하려면 어느 정도의 교양과 지식도 있어야 합니다. 도대체 이 모든 것을 다 갖춘 성도가 얼마나 되겠습니까? 교회에서 이 모든 일을 다 할 수 있는 사람은 목사밖에 없습니다. 매일 쪽잠 자며 일하는 사람이 어떻게 매일 한 시간 이상 기도할 수 있겠습니까? 그럼에도 불구하고 목사들은 교우들에게 매일 이런 것을 요구합니다. 그리고 이런 모든 일에 따라오지 못하는 교우들은 항상 죄지은 마음으로 교회에 옵니다. 제가 그렇고 여러분이 그렇습니다.

바리새인과 서기관들은 외형적으로는 율법과 모세의 전통을 잘 지키는 사람들입니다. 그러나 예수님은 그들을 향해 외식하는 자들이라고 하십니다. 입술로는 하나님을 공경하지만 마음은 멀다고도 하십니다. 그들이 율법과 전통을 지키는 것은 하나님을 헛되이 경배하는 것이라고까지 하십니다. 왜냐하면 그들에게는 율법을 지키는 형식만 있었지 사람에 대한 사랑도, 하나님에 대한 진실함도 없었기 때문입니다. 그들은 부모를 공경한다고 했지만, 부모님께 드릴 것이 하나님께 드려졌다고 하면서 부모의 필요를 외면했습니다. 이는 부모에게 불효할 뿐 아니라 하나님의 말씀도 폐하는 일입니다. 바리새인과 서기관들은 이와 같은 일을 많이 했습니다.

어쩌면 오늘 우리도 바리새인과 서기관들처럼 살고 있는지 모릅니다. 하나님을 예배하지만 하나님의 마음과는 거리가 멉니다. 하나님을 향해 열심을 낸다고 하지만 사람들을 향한 사랑과 배려는 없습니다. 그래서 우리는 많은 경우 사람들과 싸우면서 하나님을 예배하고, 사람들을 정죄하면서 자기의 의로움을 드러내려 합니다.

코로나19로 많은 교회가 모여서 드리는 예배를 중단했습니다. 인터넷 영상을 통해 가정에서 예배를 드립니다. 어떤 분들은 이를 믿음 없는 행위라고 합니다. 그러나 형식적으로 하나님을 예배하는 것보다 다른 사람에 대한 사랑과 배려로 전통적인 예배를 중단하는 것이 더 옳을지 모릅니다. 그래서 우리는 이번 한 주도 이 일을 놓고 고민해야 합니다.

저는 오늘 교우들에게 사죄합니다. 교우들의 형편과 처지를 고려하지 않고 너무 많은 것을 요구했던 제 욕심을 사죄하고, 교우들에 대한 사랑보다는 목사로서의 의무감이 더 앞섰던 것을 사죄합니다. 교우들도 자기를 기준으로 다른 사람을 쉽게 판단하지 말고, 그 사람의 입장에서 생각하고 배려하며 다른 사람을 존중해 주시기 바랍니다. 모두가 나처럼, 그리고 나만큼 할 수는 없습니다.

손을 씻지 않고 음식을 먹는다고 그 사람이 더러워지는 것은 아닙니다. 오히려 그 사람의 마음속에 항상 있는 음란과 도둑질과 살인과 간음과 탐욕과 악독과 속임과 음탕과 질투와 비방과 교만과 우매함이 그 사람을 더럽게 하는 것입니다. 그러므로 오늘 하루 우리 마음을 돌아보며 깨끗하게 합시다. 내가 속으로 생각하는 것이 나의 진짜 모습입니다.

기도

사랑이 많으신 하나님 아버지, 우리는 하나님의 사랑을 힘입어 살면서도 다른 사람을 사랑하는 데 인색했음을 용서해 주옵소서. 우리는 항상 우리 입장에서 생각했고, 우리 기준으로 다른 사람에게 강요했습니다. 내 생각에 미치지 못하는 사람을 비난했고, 나와 다른 사람은 그가 잘못됐다고 정죄했습니다. 매일 매 시간 하나님을 예배했지만. 사람에 대한 사랑도 배려도 없었습니다. 형식적으로 기도했고, 율법적으로 헌금했고, 또 그것을 강요했습니다. 그렇게 우리는 예배를 드리면서도 하나님의 마음에서 멀었고, 입술로는 하나님을 경배했지만, 하나님의 계명은 버렸습니다. 사랑이 많으신 하나님 아버지, 우리를 용서하여 주옵소서.

이 시간 여러 모습으로 어려움 중에 있는 사람들을 위해 기도합니다. 코로나19가 장기화되면서 매출이 크게 줄어든 자영업자들과, 그들과 함께 일하는 직원들과, 하루 벌어 하루 사는 일용직 노동자들과, 어린 나이에 가정의 생계를 책임진 소년소녀 가장들과, 꽃다운 청춘을 비정규 알바직으로 연명하는 알바생들과, 우리가 알지 못하는 모든 연약한 자들에게 하나님의 은총과 긍휼을 베풀어 주옵소서.

하나님은 우리에게 일용할 양식을 주시오니, 오늘도 저들에게 하루치의 만나를 내려 주시고, 그와 같이 내일도 모레도 하나님의 공급하심을 저들에게 부어 주옵소서. 우리가 코로나19라는 전염병에 사로잡혀 살지 않게 하시고, 하나님의 전능하신 손에 붙잡혀 살게 하여 주옵소서. 이 땅의 모든 교회들을 전염병으로부터 지켜주셔서 교회가 사회에 물의를 일으키지 않게 하시며, 하나님의 영광을 가리지 않게 하여 주옵소서.

오늘도 우리의 힘과 능력 되시는 예수 그리스도의 이름으로 기도드리옵나이다. 아멘.

적용 질문

교회에서 감당할 수 없는 일들을 요구받은 적이 있습니까? 그때 어떻게 반응했습니까? 앞으로 교회에서 감당할 수 없는 일들을 요구받을 때 어떻게 반응하겠습니까? 우리 교회가 하는 일들은 하나님의 영광 외에 사람에 대한 사랑과 배려도 담겨져 있습니까? 왜 그렇게 생각합니까?

열여섯 번째 날

개들도 부스러기를 먹나이다

마가복음 7:24-37

할렐루야, 오늘은 사순절 열여섯 번째 날입니다. 오늘도 주님과 더불어, 교회와 더불어, 이웃과 더불어 함께하는 행복한 하루가 되시기 바랍니다.

오늘 읽은 말씀은 마가복음 7:24-37절입니다.

예수님께서 두로와 시돈과 데가볼리 지방을 다니시며 복음을 전하고 병든 자를 고치셨습니다. 두로와 시돈은 갈릴리호수 서편에 있는 해안 지역이고, 데가볼리는 주로 갈릴리와 요단강 동편에 있는 지역으로 알렉산더 대왕에 의해 식민지화된 열 개의 도시를 일컫는 말입니다. 이들은 모두 이방인들의 지역이었고, 유대인들이 꺼리는 곳이었습니다. 그곳에서 예수님이 수로보니게 여자의 귀신들린 딸을 고치시고, 귀먹고 말 더듬는 자를 고치셨습니다.

더러운 귀신들린 딸을 둔 헬라 여자가 예수님께 나왔습니다. 어떤 면에서 이 여자는 예수님이 그동안 만났던 사람들보다 더 부정한 사람입니다. 예수님은 그동안 나병 환자, 중풍 병자, 귀신들린 사람, 열두 해 혈루증을 앓는 여자, 죽은 야이로의 딸 등을 만나셨습니다. 이들은 모두 부정한 사람들입니다. 귀신들려 부정하고, 피 흘려 부정하고, 죽어서 부정합니다. 그래도 이들은 모두 유대인들입니다. 그러나 오늘 예수님께 나온 이 여자는 이방인 여자입니다. 유대인 남자가 상종하지도 않는 사람입니다. 게다가 그 딸이 귀신이 들렸으니 더욱 부정합니다.

이 여자가 예수님의 발아래 엎드려서 자기 딸에게서 귀신을 쫓아내 주시기를 간구합니다. 이 여자에게는 예수님이라면 능히 자기 딸을 고쳐주실 것이라는 믿음이 있었습니다. 그래서 일부러 예수님을 찾아왔습니다. 상식적으로 자신은 예수님을 만날 수 없는 처지지만 그래도 예수님을 찾아 나옵니다. 이때 예수님은 두로 지방의 한 집에 들어가 아무도 모르게 쉬고 싶으셨습니다. 그러니 그곳에 예수님이 계시다는 것을 아는 사람도 많지 않았을 것입니다. 그런데 이 이방인 여자는 이리저리 수소문해서 굳이 예수님을 찾아온 것입니다. 왜냐하면 예수님이라면 능히 자기 딸을 귀신에게서 해방시켜 주실 것이라는 믿음이 있었기 때문입니다.

그런데 뜻하지 않은 문제가 생겼습니다. 자신이 이방 여자고, 자기 딸이 귀신들렸다는 사실보다 더 큰 문제가 생겼습니다. 바로 예수님의 냉대입니다. 수로보니게 여자는 예수님이 자기 딸을 고쳐주실 것이라는 믿음을 가지고 예수님께 나왔습니다. 그런데 예수님이 자신을 무시하고 모욕한 것입니다. 예수님께서 수로보니게 여자에게 말씀하십니다. "자녀로 먼저 배불리 먹게 할지니 자녀의 떡을 취하여 개들에게 던짐이 마땅치 아니하니라". 예수님이 말씀하신 자녀는 유대인들이고, 개들은 이방인들, 직접적으로는 수로보니게 여자와 귀신들린 그 딸을 말합니다. 기껏 예수님 믿고 나왔는데, 예수님은 자기를 개 취급하신 것입니다. 그러니 어떻게 해야 할까요?

우리 믿음이 난관에 부닥칠 때가 있습니다. 분명 믿음으로 행했는데 결과는 엉뚱하게 나옵니다. 우리가 교회 오는 것을 몹시 싫어하고 방해하는 사람이 있습니다. 요즘 같은 때는 교회에 가는 것 자체가 눈치가 보이고 어렵습니다. 오래전에 어떤 분이 교회에 나오기 시작했습니다. 그런데 그때부터 일이 생겼습니다. 아이가 교통사고가 나고, 남편이 부도가 났습니다. 그러니 어떻게 해야 할까요?

수로보니게 여자는 믿었던 예수님께 망신을 당했습니다. 심한 모욕도 받았습니다. 사람들 앞에 수치스러웠습니다. 그러나 그래도 이 여자는 예수님을 붙잡았습니다. 오히려 자신을 더 낮추어서 예수님께 말했습니다. "주여 옳소이다마는 상 아래 개들도 아이들이 먹던 부스러기를 먹나이다". 여자는 유대인들이 자신들을 개 취급하는 것을 인정했습니다. 그리고 예수님께 자녀들의 상 아래 떨어지는 부스러기라도 먹을 수 있게 해달라고 간청했습니다. 그러자 예수님은 여자의 믿음을 크게 칭찬하시고 딸의 병을 고쳐주셨습니다. 여자가 집에 돌아가 보니 아이가 침상에 누웠고 귀신은 이미 나갔습니다.

믿음에는 항상 시험이 있습니다. 어쩌면 시험이 있기 때문에 믿음이 필요한 것인지도 모릅니다. 그러므로 오늘 하루 평안하고 좋은 날을 구하기에 앞서, 우리 삶에 어려움과 고통이 오더라도 흔들리지 않고 믿음에 굳게 설 수 있도록 기도하시기 바랍니다. 믿음이 있다면 우리 삶의 형편은 어떠하든지 그리 중요하지 않습니다. 왜냐하면 믿음이 그 모든 상황을 견디게도 하고 이기게도 하기 때문입니다.

예수님께서는 귀먹고 말 더듬는 자도 고쳐 주셨습니다. 예수님께서 '에바다'라고 말씀하시니 귀가 열리고 혀가 풀렸습니다. '에바다'는 열리라는 뜻입니다. 오늘 우리의 고통도 주께서 돌아보시고 말씀으로 회복해 주시기를 기대하며 기도합시다.

사랑하는 성도 여러분! 하나님의 말씀에 귀를 기울이십시오. 오늘 하나님의 말씀이 우리에게 들리는 대로 하나님은 일하실 것입니다.

기도

사랑이 많으신 하나님 아버지, 수로보니게 여자의 귀신들린 딸을 고치시고, 귀먹고 말 더듬는 사람의 귀를 여시며 혀를 풀어주신 하나님 아버지, 오늘 우리에게도 은혜를 베풀어 주옵소서. 지금 우리는 여러 가지로 힘든 시절을 보내고 있습니다. 코로나19가 확산되어 8천 명이 넘는 확진 환자가 나왔고, 80명이 넘는 사람이 죽었습니다. 전 세계적으로 바이러스가 퍼져 국경이 닫히고 경제가 흔들리고 있습니다. 피할 곳도 없고 숨을 곳도 없습니다. 우리가 매일 만나는 사람 중 혹시라도 감염된 자가 있을까 염려가 되고, 그래서 가까운 사람들도 경계하게 됩니다. 학교는 또다시 개학을 연기하여 학생들은 4월에나 학교에 갈 수 있다고 합니다. 벌써 수업일수가 한 달이나 지났습니다. 지금은 모두가 어렵지만, 특히 노인들과 기초생활수급자들과 소년소녀 가장들과 기존의 질병에 시달리던 사람들은 더 어렵고 힘든 시절을 보내고 있습니다. 맞벌이 부부들은 자녀를 맡길 곳이 없어 이중으로 고통받고 있습니다. 자비하신 하나님 아버지, 우리를 긍휼히 여겨 주옵소서. 우리가 비록 어려움 중에 있으나 믿음이 흔들리지 않게 하시고, 믿음으로 하나님의 도우심을 체험하게 하여 주옵소서.

지난 주간 성남의 한 교회에서 또 확진 환자가 나왔고 지금 사람들은 교회를 향해 온갖 비난의 말을 쏟아내고 있습니다. 우리는 위축되고 무엇을 어찌해야 할지 몰라 갈팡질팡 고민하고 있습니다. 사랑의 하나님, 우리에게 지혜와 분별을 주시고, 믿음의 용기와 담대함을 주옵소서. 우리의 판단에 실수가 없게 하셔서 교회로 인하여 사회가 고통당하지 않게 하여 주옵소서. 어렵고 힘든 시기를 지나며 우리 믿음의 근육과 뼈대가 더 단단해지게 하시고, 장차 더 큰 환란이 시작될지라도 감당할 수 있는 힘을 얻게 하여 주옵소서. 이 땅에 주의 긍휼과 자비를 베풀어 주옵소서.

예수님의 이름으로 기도리옵나이다. 아멘.

적용 질문

우리에게 믿음이 필요한 순간은 언제입니까? 그 순간에 우리는 어떻게 믿음으로 반응할 수 있습니까?

열일곱 번째 날

작은 기부 큰 열매

마가복음 8:1-26

할렐루야, 오늘은 사순절 열일곱 번째 날입니다. 오늘도 주님과 더불어, 교회와 더불어, 이웃과 더불어 함께하는 행복한 하루가 되시기 바랍니다.

오늘 읽은 말씀은 마가복음 8:1-26절입니다.

지금까지 예수님은 많은 기적을 행하셨습니다. 그 기적들은 단순히 사람들이 할 수 없는 신비한 일을 일으키신 것이 아니라 그런 일을 행하시는 분, 즉 예수님이 누구신지를 보여주시는 것이었습니다. 그러니까 제자와 무리들은 예수님께서 행하시는 기적 하나하나에 열광할 것이 아니라, 그런 기적들을 체험할 때마다 예수님이 누구신지를 알아가야 했습니다.

오늘 본문에서도 예수님은 떡 일곱 개와 작은 생선 두어 마리로 사천 명을 먹이시고 일곱 광주리를 남기셨습니다. 그럼에도 불구하고 제자와 무리들은 여전히 예수님이 누구신지 알지 못합니다. 바리새인들은 나와서 예수님께 시비를 걸며 자기들이 만족할 만한 다른 표적을 구합니다. 심지어 제자들은 바리새인들의 누룩과 헤롯의 누룩을 주의하라는 예수님의 가르침에 먹을 떡이 없다고 염려합니다. 이들의 영적인 상태가 마치 벳세다의 맹인과 같습니다.

우리는 매일, 매주 예배를 드립니다. 그렇게 예배드리길 수년에서 수십 년입니다. 그런데 우리가 그렇게 예배를 드리는 동안 예수님이 누구신지 매일 더 많이 알아가고 있는지 점검해 보아야 합니다. 매일 예배를 드리고, 매주 감동적인 예배를 드리지만, 삶의 작은 문제 하나 믿음으로 이겨내지 못하고, 그때마다 새로운 기적과 가르치심이 필요하다면 우리는 바리새인이나 제자들과 다를 바 없습니다. 그런 우리를 향해 예수님은 21절처럼 말씀하실 것입니다. "아직도 깨닫지 못하느냐".

예수님께서 사천 명의 무리를 먹이신 일을 조금 다른 관점에서 보겠습니다. 예수님이 많은 무리들과 함께하셨습니다. 무려 사흘간을 꼬박 그들과 함께하셨습니다. 이 사흘 동안 예수님은 무리들을 가르치시고, 말씀을 전하시고, 병든 자를 고치셨을 것입니다. 그렇게 예수님과 무리들이 함께 지내는 동안 먹을 것이 떨어졌습니다. 이제 무리들을 집으로 보내야 하는데 그들을 그냥 돌려보내면 그들은 길에서 기진할 것입니다. 그때 예수님이 제자들에게 떡 몇 개가 있는지 물어보시고, 제자들은 자기들이 가진 떡 일곱 개와 작은 생선 두어 마리를 예수님께 내놓았습니다. 이것은 제자들이 가진 양식의 전부였습니다. 그것은 예수님과 열두 제자가 먹을 양식입니다. 자신들을 위해서도 턱없이 부족한 식량입니다. 그런데 제자들은 그것을 내놓았고, 예수님은 그것을 축사하셨습니다. 그리고 그 떡과 물고기를 무리들에게 나누어 주었더니 사천여 명이 배불리 먹고도 일곱 광주리가 남았습니다.

큰 어려움을 당할 때마다 우리 민족은 힘을 모아 이겨내는 저력이 있습니다. 일본이 조선을 침략했을 때 왕과 높은 사람들은 궁궐을 버리고, 백성을 버리고 도망갔지만, 도망갈 곳조차 없었던 백성들은 곳곳에서 힘을 모아 왜구와 맞서 싸웠습니다. 6·25전쟁이 일어났을 때 대통령과 장관들은 한강 다리를 끊고 부산까지 도망갔지만, 어린 학생들은 학도병을 조직해서 맨몸으로 북한의 탱크 부대와 싸웠습니다. IMF가 일어났을 때 돈 있는 사람들은 이자놀음으로 돈을 벌었지만, 가진 것 없는 시민들은 아이들 돌반지까지 금 모으기에 내놓았고, 우리는 세계가 깜짝 놀랄 만큼 빠른 시간에 IMF 사태를 벗어났습니다.

코로나19가 전국을 뒤흔들었고, 많은 사람들이 곤경에 처해 있습니다. 특히 저소득층과 노약자들은 그 어려움이 훨씬 더할 것입니다. 어제 검단 지역에 있는 교회들이 코로나19 관련 선행 사례를 조사했습니다. 큰 교회는 1억, 2억을 재난 기금으로 기부하기도 했습니다. 그런데 작은 교회들도 너나없이 크고 작은 일들을 하고 있었습니다. 마스크를 제작해서 배포하는 교회도 있었고, 손 소독제를 만들어서 나누어주는 교회도 있었고, 반찬을 만들어 취약계층과 나누는 교회도 있었고, 어느 목사님은 마스크를 사기 위해 길게 늘어섰던 줄을 양보했다고도 했습니다. 겉으로 보면 작고 별 볼 일

없는 선행입니다. 본인도 취약계층이지만 한 개 두 개 어렵게 모은 마스크 십여 장을 기부한 분이 있다는 언론 보도를 보았습니다. 그 마음은 갸륵하지만, 마스크 십여 장이 누구에게 얼마나 큰 도움이 되겠습니까? 그런데 이런 작은 힘들이 모여서 지금 우리나라는 세계가 부러워하는 기적을 만들고 있습니다. 코로나19를 다루는 우리나라의 의료 수준과 시스템을 많은 나라와 국민들이 모방하고 싶어한다고 합니다.

오늘 작은 교회와 힘없는 사람들이 내놓는 이런 기부들은 마치 제자들이 예수님께 내놓은 떡 일곱 개와 작은 생선 두어 마리와 같습니다. 제자들이 예수님께 드린 것은 아주 작은 것이었습니다. 그런데 그것으로 사천여 명이 먹었습니다. 특히 그들과 함께 먹은 사람들 중에는 멀리서 온 자들도 있었는데, 이들은 이방인들로 여겨집니다. 그러니까 제자들이 예수님께 내놓은 작은 기부는 단지 사천여 명이 먹었다는 사실을 넘어서 유대인과 이방인이 한 식탁에서 음식을 나누는 기적을 일으킨 것입니다. 그날 그 식탁에서 유대인과 이방인의 담이 허물어지고, 거룩한 것과 부정한 것의 담이 허물어졌습니다. 이것보다 놀라운 기적이 없습니다. 그러니 오늘 우리가 드리는 기부는 작고 보잘것없지만, 그러나 그것이 어디서 얼마나 놀라운 결과를 가져올지 우리는 알 수 없는 것입니다. 그러므로 우리는 작은 것이라도 내놓아서 다른 사람들과 나눌 수 있어야 합니다. 거기에 하나님의 은혜도 있고 기적도 있는 것입니다.

기도

은혜로우신 하나님 아버지, 어제도 주님 은혜로 살았고, 오늘도 주님 은혜로 살아갑니다. 지금껏 우리가 살아온 것이 내 힘이고 실력인 것 같았는데, 돌아보니 우리가 이룬 것은 아무것도 없고, 우리 힘으로 이룰 수 있는 것도 없습니다. 눈에 보이지도 않는 작은 바이러스를 이기지 못해 우리는 지난 몇 달을 두려움과 불편함 속에서 살고 있습니다. 우리가 너무나도 당연하게 여겼던 일상이 무너졌고, 우리가 살고 죽는 것이 우리 뜻대로 되는 것이 아님을 알게 되었습니다. 우리는 마음만 먹으면 언제든지 예배드릴 수 있을 것 같았는데, 이제는 예배드리고 싶어도 드릴 수 없는 상황들이 이어지고 있습니다. 우리가 지금껏 하나님을 예배한 것이 우리의 의지와 결단이 아니라 하나님의 은혜였음을 새삼 깨닫습니다. 사랑이 많으신 하나님 아버지, 우리에게 긍휼을 베풀어 주옵소서. 지금껏 우리가 듣고, 배우고, 체험해서 알고 있는 하나님에 대한 모든 지식이 총동원되어서 어려운 시절을 잘 견디며 이기게 하여 주옵소서.

사랑이 많으신 하나님 아버지, 비록 작은 것일지라도 기꺼이 자기 것을 내놓아 더 어려운 사람들을 돕는 손길이 이어지고 있습니다. 이런 손길들이 모여 하나님의 기적이 나타나게 하여 주옵소서. 어렵고 힘든 사람들에게 적절한 도움의 손길이 이르게 하여 주옵소서.

우리 주일학교와 학생들, 특히 부모님과 함께 교회에 나오지 못하던 우리 아이들을 기억하여 주옵소서. 지금 저들은 오랫동안 교회에 오지 못하고 있습니다. 우리의 손길이 저들에게 미치지 못하고 있습니다. 사랑이 많으신 하나님 아버지, 우리 아이들을 주께서 붙잡아 주시고, 혹여 아이들이 믿음을 떠나고 교회를 떠나지 않도록 붙잡아 주옵소서. 우리가 게으르고 나태하여 아이들이 탕자처럼 방황하지 않게 하여 주옵소서. 저들을 붙잡아 주옵소서.

사랑이 많으신 예수 그리스도의 이름으로 기도드리옵나이다. 아멘.

적용 질문

누군가의 도움으로 힘을 내었던 적이 있습니까? 혹은 누군가를 도와주었던 적이 있습니까? 누군가를 돕기 위해 꼭 필요한 것은 무엇일까요?

열여덟 번째 날

예수님은 누구입니까?

마가복음 8:27-9:1

할렐루야, 오늘은 사순절 열여덟 번째 날입니다. 오늘도 주님과 더불어, 교회와 더불어, 이웃과 더불어 함께하는 행복한 하루가 되시기 바랍니다.

오늘 읽은 말씀은 마가복음 8:27-9:1절까지의 말씀입니다.

오늘은 제가 드리는 여섯 가지 질문들에 대해 여러분이 하루 동안 생각하며 묵상해 보시기 바랍니다.

첫째, 본문에서 사람들은 예수님을 누구라고 생각했는가?

둘째, 베드로는 예수님을 누구라고 고백했는가?

셋째, 베드로가 예수님에 대해 그렇게 정확히 고백했음에도 불구하고 베드로는 왜 넘어졌는가? 예수님께서는 베드로를 꾸짖으시며 '사탄아 내 뒤로 물러나라 네가 하나님의 일을 생각하지 아니하고 도리어 사람의 일을 생각하는도다'(33절)라고 하셨습니다.

넷째, 오늘날 사람들은 예수님에 대해 어떻게 생각하는가?
다섯째, 오늘 나에게 예수님은 어떤 분이신가?
여섯째, 우리가 예수님을 따른다는 것은 어떤 의미인가?

첫째, 본문에서 사람들은 예수님을 누구라고 생각했는가?

그동안 사람들은 예수님에 대해 들었고, 예수님께서 하시는 일들을 보았고, 예수님의 가르침을 많이 받았습니다. 그 결과 사람들은 예수님에 대한 다양한 견해를 가지게 되었습니다. 예수님의 친척들은 예수님이 미쳤다고 생각했습니다. 서기관들은 예수님이 귀신의 왕을 힘입어서 일한다고 했습니다. 헤롯은 예수님을 죽은 세례 요한이 살아난 것이라고 생각했습니다. 그밖에 다른 사람들은 예수님을 엘리야나 선지자 중 하나라고 여겼습니다. 이들은 모두 예수님에 대해 잘 알지 못했습니다. 예수님의 가족과 친척들은 예수님과 가장 오랜 시간 함께 있었고, 서기관들은 메시아이신 예수님에 대해 가장 많이 공부했지만 그들도 예수님이 어떤 분이신지 몰랐습니다. 우리가 직업과 직분 상 누구보다도 오래 교회에 머무르고, 누구보다 오래 예수님을 믿었다고 해서 우리가 예수님에 대해 잘 아는 것은 아닙니다. 오히려 우리의 오래된 편견과 고집에 눈이 멀어 예수님을 오해하고 있을 수 있습니다.

둘째, 베드로는 예수님을 누구라고 고백했는가?

베드로는 예수님을 '그리스도'라고 고백했습니다. 마태복음 16:16절에 "주는 그리스도시오 살아 계신 하나님의 아들"이라고 했습니다. 베드로가 생각하는 예수님은 그리스도시고 하나님의 아들이십니다. 예수님에 대해 이보다 더 완벽한 대답은 있을 수 없습니다. 마가복음 1:1절에서 마가는 이렇게 말했습니다. “하나님의 아들 예수 그리스도의 복음의 시작이라”. 예수님은 하나님의 아들이고 그리스도시며, 이것이 곧 복음이라는 말입니다. 그러니 베드로의 대답 자체가 복음이고, 거기에 어떤 추가 사항도 필요하지 않습니다. 그만큼 베드로는 완벽한 대답을 했습니다.

셋째, 베드로가 예수님에 대해 그렇게 정확히 고백했음에도 불구하고 베드로는 왜 넘어졌는가?

베드로는 예수님이 누구신지 완벽한 대답을 했습니다. 그러나 베드로는 곧 넘어졌습니다. 베드로는 예수님이 고난받고 죽으셔야 한다는 사실을 인정할 수 없었습니다. 베드로는 예수님께 항변하며 예수님이 그 길을 가서는 안 된다고 했습니다. 이런 베드로를 향해 예수님은 ‘사탄아 내 뒤로 물러가라 네가 하나님의 일을 생각하지 않고 사람의 일을 생각한다’고 하셨습니다. 아무리 정확한 신앙고백을 드린다 해도 그 고백이 삶으로 이어지지 않으면 그 고백은 소리나는 구리와 울리는 꽹과리에 지나지 않습니다. 아는 것과 믿는 것은 다릅니다. 믿는 것과 행하는 것도 다릅니다. 아는 것은 믿음으로 이어져야 하고, 믿음은 행함을 낳아야 합니다. 행하지 않는 믿음은 죽은 믿음입니다. 우리의 모든 신앙고백은 삶이 뒷받침될 때 능력이 되는 것입니다.

넷째, 오늘날 사람들은 예수님에 대해 어떻게 생각하는가?

오늘날 많은 사람들이 교회에 대한 감정이 좋지 않습니다. 그들은 교회와 교회의 머리 되신 예수님을 잘못 알고 있습니다. 그 책임은 성도들에게 있습니다. 우리가 예수님의 말씀대로 살지 못하니 사람들은 예수님이 그런 분이라고 오해하는 것입니다. 우리의 삶은 언제나 예수님의 모습을 나타낼 수 있어야 합니다.

다섯째, 오늘 나에게 예수님은 어떤 분이신가?

오늘 나에게 예수님이 어떤 분이신지는 밴드나 카톡 등 단체방에 여러분의 고백을 올려 주시기 바랍니다.

여섯째, 우리가 예수님을 따른다는 것은 어떤 의미인가?

우리가 예수님을 따른다는 것은 자기를 부인하고 자기 십자가를 진다는 의미입니다. 예수님을 따른다는 것이 땅에서의 성공과 영광을 보장하지 않습니다. 오히려 예수님을 따르기 위해서는 자기 십자가를 져야 합니다. 십자가는 곧 죽음입니다. 그러므로 예수님을 따르기 위해서는 복음을 위해 모든 것을 잃을 각오를 해야 하고, 어디서든지 하나님을 부끄러워하지 말아야 합니다. 그런 의미에서 오늘 우리는 예수님을 잘 따르고 있는지 돌아봅시다.

기도

전능하신 하나님 아버지, 주님은 그리스도시고 살아계신 하나님의 아들이십니다. 우리는 이 사실을 알고, 또 그렇게 믿고 있습니다. 하나님 아버지, 우리의 믿음이 고백에 머무르지 않게 하시고 삶으로 열매맺게 하여 주옵소서. 우리가 믿는 예수님은 우리를 구원하신 그리스도시고, 전능하신 하나님의 아들이시오니, 우리가 예수님 안에서 담대한 삶을 살게 하여 주옵소서. 우리가 언제 어디서건 예수님을 부끄러워하지 않게 하시고, 사람들 앞에 자랑하며 복음을 전하게 하여 주옵소서. 우리의 말이 아니라 우리의 삶으로 예수님의 증인이 되게 하여 주옵소서.

사랑이 많으신 하나님 아버지, 지금 전 세계가 코로나19로 인하여 어려움을 당하고 있습니다. 하나님 아버지, 코로나19가 아프리카와 중남미 등 어려운 나라들에까지 확산되지 않게 하여 주옵소서. 상대적으로 빈곤하고 연약하여 자신을 보호할 수 없는 사람들이 질병에 감염되지 않게 하시고, 하나님의 자비로우신 은혜와 보살핌 아래 건강하게 하여 주옵소서. 오늘 하루도 우리가 마음으로든 행위로든 넘어지고 실수하지 않게 하시고, 흩어진 교회로서의 삶을 바로 살게 하여 주옵소서.

예수 그리스도의 이름으로 기도드리옵나이다. 아멘.

적용 질문

예수님의 친척이나 서기관들처럼 예수님에 대해 가장 잘 알 만한 사람들이 오히려 예수님을 오해한 것은 어떤 이유 때문일까요? 자기의 경험이나 지식 때문에 예수님을 오해한 적은 없습니까?

열아홉 번째 날

있어야 할 곳

마가복음 9:2-13

할렐루야, 오늘은 사순절 열아홉 번째 날입니다. 오늘도 주님과 더불어, 교회와 더불어, 이웃과 더불어 함께하는 행복한 하루가 되시기 바랍니다.

오늘은 마가복음 9:2-13절까지 읽었습니다.

예수님께서 베드로와 야고보와 요한을 데리시고 높은 산에 올라가셨습니다. 그곳에서 예수님은 모습이 변형되셔서 엘리야, 모세와 함께 이야기하셨습니다. 베드로와 제자들은 그곳에 초막을 지어 머무르고 싶었지만 예수님께서 허락하지 않으셨습니다. 예수님께서는 제자들과 함께 산 아래로 내려오셨습니다. 산 아래에는 많은 문제가 있고 갈등과 고난이 있지만 그래도 그곳이 예수님과 제자들이 있어야 할 곳입니다.

오늘 우리가 있어야 할 곳은 어디일까요? 신학생들이 제일 많이 부르는 찬송은 323장 '부름 받아 나선 이 몸'입니다. 그리고 목사들이 가장 부르지 않는 찬송도 323장 '부름 받아 나선 이 몸'입니다. 보통은 아골 골짝 빈들이나 소돔 같은 거리라도 주께서 가라는 곳은 어디든지 가겠다고 서원하며 신학생이 됩니다. 존귀와 영광은 모두 주께 드리고 괴로우나 즐거우나 오직 주만 따라가겠다는 다짐이 신학생들에게는 있습니다. 그러나 목사가 되는 순간 이런 고백들이 부담스러워집니다. 시골보다는 도시가 낫고, 상가건물 임대교회보다 자기 건물이 있는 자립된 교회가 좋고, 30명 모이는 교회보다는 3천 명 모이는 교회에 남고 싶습니다. 목사가 있어야 할 곳이 아니라 자기가 있고 싶은 곳에 있으려 하는 것입니다. 그러니 하나님의 마음과 하나님의 일은 뒷전이고 자기 성공과 성취가 우선입니다.

사랑하는 성도 여러분! 여러분은 어떠십니까? 여러분은 성도로서 있어야 할 곳에 있습니까? 아니면 많은 사람들이 열광하며 좋아하는 곳에 있습니까? 어렵고 힘들어도 성도로서 좁은 길을 가십니까? 아니면 성도임에도 불구하고 편하고 좋은 넓은 길을 가십니까? 예수님은 신비함이 가득한 변화 산꼭대기에 제자들이 있는 것을 허락하지 않으셨습니다. 예수님은 귀신들린 자가 있고, 고난과 멸시와 죽음이 기다리는 산 아래로 제자들과 함께 내려오셨습니다. 예수님도, 제자들도 원하는 곳이 아니라 있어야 할 곳에 있어야 하기 때문입니다.

예수님께서는 제자들에게 자신이 받을 고난과 멸시에 대해 말씀하셨습니다. 메시아로 오신 예수님이 고난받고 멸시당하며 죽으셔야 한다는 것은 제자들도, 다른 사람들도 쉽게 이해할 수 없는 일이었습니다. 왜냐하면 고난과 죽음은 항상 하나님의 진노와 저주의 결과라고 그들은 생각했기 때문입니다. 만일 메시아로 오신 분이 고통받고 죽는다면 그것은 하나님께서 메시아로 오신 분을 버리셨기 때문입니다. 그래서 베드로는 예수님께서 '많은 고난을 받고 장로들과 대제사장들과 서기관들에게 버린바 되어 죽임을 당하고 사흘 만에 살아나야 할 것'을 비로소 가르치셨을 때에(막 8:31-32) 예수님께 항변하며 그 앞을 막아섰던 것입니다. 물론 다른 제자들도 마찬가지입니다. 그런데 메시아로 오신 예수님께서 고난과 멸시를 받으시다 끝내 십자가 위에서 죽으시는 것은 하나님의 뜻이었습니다. 그래서 예수님이 산 위에서 모세와 엘리야를 만나 고난과 죽음을 이야기하실 때 하늘에서 소리가 들렸습니다. "이는 내 사랑하는 아들이니 너희는 그의 말을 들으라"(7절).

예수님은 하나님의 버림을 받아 고통과 멸시를 당하시는 것이 아닙니다. 오히려 예수님은 고통과 멸시를 받으심으로 순종함을 배워 온전하게 되셨습니다(히 5:8-9). 고난과 멸시를 받으시고 십자가 위에 죽으셔도 예수님은 하나님이 사랑하시는 아들이고, 우리를 구원한 구세주이십니다. 그러므로 우리가 할 일은 그의 말씀을 듣는 것입니다. 그리고 예수님께서 가신 길을 따라가는 것입니다. 그러면 우리가 가는 길 끝에서 우리는 예수님을 뵈올 수 있을 것입니다. 예수님은 우리 삶의 수단이 아니십니다. 예수님은 우리 삶의 유일한 목적이십니다.

 기도

궁휼이 많으신 아버지 하나님, 우리는 주님을 믿고 주님을 위해 살겠다고 다짐했습니다. 그런데 막상 돌아보니 우리는 하고 싶은 일을 하느라 해야 할 일을 못 했고, 있고 싶은 곳에 있느라 있어야 할 곳에 없었습니다. 가지고 싶은 욕심에 버려야 할 것을 버리지 못했고, 높아지고 싶은 마음에 낮아지지 못했습니다. 우리도 베드로나 요한과 야고보처럼 변화 산꼭대기에서 주님하고만 있고 싶어서 이 땅에 주께서 사랑하시는 약하고 소외된 사람들은 외면했습니다. 우리들 스스로가 낮아지기보다 높아지기를 원했고, 살고 싶어 죽어야 할 곳을 피했습니다. 우리는 모두 주님의 제자들이라고 생각했는데 실상은 주님과 반대되는 길만 걸었습니다. 주께서 가신 좁은 길은 외면하고 모두가 가는 넓은 길을 우리도 따라다녔습니다. 그러는 동안 우리는 경건의 모양은 붙잡았으나 경건의 능력은 잃었습니다. 우리는 말과 혀로만 사랑했을 뿐 행함과 진실함으로 사랑하지는 못했습니다. 주님께서는 죽어야 산다고 가르쳐 주셨는데 우리는 죽어도 죽을 수 없다고 고집부리며 살았습니다. 사랑이 많으신 하나님 아버지, 우리를 용서해 주옵소서. 우리의 허물을 용서해 주시고, 우리의 외식을 용서해 주시고, 우리의 부정함을 용서해 주옵소서.

사랑이 많으신 하나님 아버지, 누구든지 나를 따라오려거든 자기를 부인하고 자기 십자가를 지고 나를 따를 것이라고 하셨으니, 우리도 우리 십자가 지고 주님 가신 그 길을 따라가게 하여 주옵소서. 우리는 지금 사순절 기간을 보내고 있습니다. 주께서 당하신 고난과 멸시와 죽음을 묵상하며, 우리도 그 길을 가기 위해 기도하고 있습니다. 우리를 도와주옵소서.

이 시간 해외에 체류 중인 우리 동포들을 위해 기도합니다. 코로나19 이후 해외에서 동양인이라고 차별받고, 한국인이라서 위협받으며 지내는 우리 동포들과 함께하여 주옵소서. 어렵게 일군 자기들의 터전을 쉽게 떠날 수도 없고, 학업과 사업 등 하던 일을 중단하고 돌아오기도 쉽지 않고, 고국으로 돌아오려 하여도 그 길이 마땅치 않아 고통 속에 있는 우리 동포들에게 살길을 열어주옵소서. 저들의 안전과 평화를 지켜 주옵소서. 주변 사람들로부터 위협받지 않게 하시고, 좋은 이웃들과 합력하여 선을 이루게 하여 주옵소서.

오늘 하루도 우리에게 새 힘을 주옵시고, 내일 전국 교회와 성도들의 각 가정에서 드려지는 예배 위에 하나님의 크신 은총을 베풀어 주옵소서. 수천 명씩 모이던 예배가 폐하여지는 이때 각 가정교회들은 불같이 살아나게 하여 주옵소서.

언제나 옳으시고, 우리에게 선하신 예수 그리스도의 이름으로 기도드리옵나이다. 아멘.

적용 질문

지금 있는 곳은 있어야 할 곳입니까? 아니면 머물고 싶은 곳입니까? 지금 하는 일은 해야 할 일입니까? 아니면 하고 싶은 일입니까? 지금 우리가 있어야 할 곳은 어디이고, 해야 할 일은 무엇일까요?

스무 번째 날(주일)

나를 찾으면 살리라

아모스 5:4-6

제레드 다이아몬드가 쓴 『총, 균, 쇠』라는 책이 있습니다. 1997년에 발행되었고 우리나라에는 1998년에 번역되어 소개된 베스트셀러입니다. 이 책은 1998년에 퓰리처상을 수상하기도 했습니다. 교회 도서관에도 이 책이 있습니다. 궁금하신 분들은 찾아서 읽어보시기 바랍니다.

저자는 이 책에서 민족마다 역사가 다르게 진행된 것은 각 인종들의 생물학적 차이 때문이 아니라 지리적, 환경적 요인 때문이라고 합니다. 쉽게 말해서 백인은 우월한 유전자를 가져서 유럽을 문명화시킨 것이 아니며, 흑인은 미개한 유전자를 가져서 아프리카 지역이 낙후된 것이 아니라는 것입니다.

빙하기가 끝나고 어떤 지역은 여전히 수렵과 채집에 유리했습니다. 그러나 어떤 지역은 스스로 농사를 지어야 했습니다. 인류 역사에 농경 시대가 시작된 것입니다. 인류가 농사를 짓기 시작했다는 것은 혁명이었습니다. 농사를 짓기 시작하면서 관리가 필요해졌고 더 많은 생산을 위한 발명과 개발이 요구되었습니다. 농산물을 나누거나 교환하기 위한 원시 문자가 만들어졌고, 그렇게 서구 문명이 시작되었습니다. 그러나 수렵과 채집만으로도 살 수 있는 지역에서는 이런 것이 필요하지 않았습니다. 당연히 서구 문명과는 다른 결을 가지고 그들의 문화와 문명이 발전되었습니다. 이렇게 각 나라와 민족의 역사는 지리적, 환경적 요인에 기인한 것이지 인종 간의 유전적 우월함이 원인이 아닌 것입니다.

그렇게 시작된 인류 역사는 총과 쇠를 선점한 민족이 주도했고, 의도치 않았던 전염병이 역사의 흐름을 바꾸기도 했습니다. 특히 전염병은 총과 쇠보다도 인류 역사에 큰 영향을 끼쳤습니다. 그래서 책의 제목이 『총, 균, 쇠』입니다.

요즘 우리 삶은 코로나19에 지배되어 있는 것 같습니다. 코로나19는 작년 12월에 중국 우한에서 처음 발병했습니다. 이후 올 1월 20일에 우리나라에서 첫 번째 감염자가 나왔고, 어제(3월 21일) 기준으로 우리나라에서는 확진 환자가 8,799명, 그 가운데 사망자가 102명입니다. 세계적으로도 심각한 상황입니다. 코로나19가 처음 발병한 중국에서는 지금까지 80,967명이 감염되어서 3,248명이 죽었습니다. 유럽의 이탈리아에서는 41,035명이 감염되어 벌써 3,405명이 죽었고, 이란에서는 1,284명이, 스페인에서는 767명이 죽었습니다. 어제 기준으로 세계에서 코로나19에 감염된 사람은 237,701명이고, 그중 9,794명이 죽었습니다. 더 큰 문제는 아직도 코로나19가 활발히 활동 중이라는 사실입니다. 앞으로 코로나19가 얼마나 더 확산이 될지, 그래서 얼마나 더 많은 사람이 감염이 되고 죽을지 짐작할 수도 없습니다.

코로나19는 우리의 일상을 무너트렸습니다. 3월 2일에 개학해야 할 학교는 4월 6일까지 개학을 미룬 상태입니다. 대학에서는 온라인으로 강의를 시작했지만, 오프라인에서는 아직도 신입생을 받지 못했습니다. 덕분에 각 대학 주변에서 장사하시는 분들은 신학기 특수는 고사하고 기본적인 생계에 큰 타격을 받고 있습니다.

무엇보다 교회에 사람들이 모이지 못하고 있습니다. 주중에는 당연히 모이지 못하고, 많은 교회가 그동안 생명처럼 지키던 주일 공동체 예배도 드리지 못하고 있습니다. 온라인을 통해 각 가정에서 예배를 드린다고는 하지만 성도들이 모두 모여서 드리는 파워풀한 예배의 감동은 없습니다. 교회가 언제까지 문을 걸어잠그고 사람들의 출입을 통제해야 하는지 그 기한도 정해져 있지 않습니다. 제레드 다이아몬드의 말대로 균이 우리의 삶에 막대한 영향을 끼치고 있는 것입니다. 우리 일상의 방향이 바뀌고 있습니다. 지금은 우리의 작은 일상에 영향을 받는 정도지만 이것이 좀 더 장기화되고 광범위해지면 인류의 역사가 바뀔 수도 있는 것입니다.

인류 역사에는 전염병에 대한 많은 기록이 있습니다. 14세기 중반에 흑사병이 돌아서 유럽 인구의 1/3이 죽었습니다. 현재 이탈리아 위치에 있던 도시국가 제노바 공화국이 타타르인들과 전쟁을 했습니다. 타타르인은 몽골족을 말합니다. 타타르인들은 공성 무기를 이용해서 흑사병에 걸려 죽은 시체를 제노바의 성 안으로 던졌습니다. 이에 놀란 제노바 사람들은 시칠리아로 도망갔고, 이후 전 유럽에 흑사병이 퍼졌습니다. 그리고 전체 유럽 인구의 1/3이 죽었습니다.

15세기에는 유럽의 제국주의자들이 신대륙을 정복하는 과정에서 천연두가 번지게 됩니다. 에스파냐의 에르난 코르테스가 이끌고 간 500여 명의 군대가 신대륙에 천연두를 퍼트렸고, 당시 아메리카 원주민의 1/3이 죽었습니다.

1812년에 나폴레옹은 무려 50만 명의 병력을 이끌고 러시아 정복에 나섰지만 모두 죽고 불과 3천 명만 살아서 퇴각하게 됩니다. 그때 나폴레옹의 군대를 전멸시킨 것이 발진티푸스와 참호열이라는 전염병이었습니다.

우리나라에도 삼국시대에 이미 전염병에 대한 기록이 있고, 조선 현종 때에는 전염병이 창궐하여 100만 명이 넘는 사람이 죽었다는 기록도 있습니다.

이처럼 전염병은 무서운 병입니다. 전염병으로 인해 인류 역사의 방향이 바뀌었다는 말은 결코 과장이 아닙니다.

성경도 전염병에 대해 아주 많이, 그리고 자세히 기록하고 있습니다. 성경에는 전염병의 유형부터 시대별로 있었던 전염병의 피해 사항과 전염병이 창궐하는 이유, 전염병에 대처하는 자세 등에 대해 광범위하게 기록되어 있습니다. 성경에 기록된 전염병의 종류만 해도 수십 가지입니다. 염병, 폐병, 열병, 염증, 학질, 종기, 괴혈병, 각종 피부병 등이 모두 성경에 기록된 전염병들입니다. 성경에서 전염병은 전쟁, 기근과 함께 삼대 재앙으로 여겨집니다. 그만큼 피해가 컸습니다.

민수기 25장에 보면 이스라엘이 싯딤에 있을 때 염병이 돌아서 2만 4천 명이 죽었습니다. 이때 이스라엘에 염병이 돈 이유는 이스라엘 백성이 모압 여자들과 음행하고, 모압의 신 바알브올에게 제사를 드렸기 때문입니다. 이스라엘의 도덕적 타락과 종교적 부패가 염병을 불러온 것입니다.

사무엘상 5장에는 블레셋에 있었던 전염병에 대해 기록합니다. 블레셋이 이스라엘과의 전쟁에서 언약궤를 빼앗았습니다. 그리고 하나님의 언약궤를 자신들의 신 다곤의 신전에 두었습니다. 그런데 그때 독한 종기가 발병해서 수많은 사람이 죽습니다. 사무엘상 5:11-12절 말씀에 보면 '온 성읍이 사망의 환난을 당했고 독한 종기로 인해 성읍의 부르짖음이 하늘에 사무쳤다'는 기록이 있습니다. 그러니 그 당시에 얼마나 많은 사람이 죽었고, 얼마나 많은 사람이 고통받았는지 짐작할 수 있습니다. 사무엘상 6:4절에 보면 당시 블레셋 사람들은 전염병에서 벗어나기 위해 금 독종 다섯과 금 쥐 다섯 마리를 만들어 이스라엘에 보냅니다. 그래서 어떤 사람들은 이때 블레셋에 임한 전염병은 쥐가 퍼트린 것일 거라고 추측하기도 합니다.

무엇보다 우리가 잘 아는 전염병은 다윗 왕 시대에 있었습니다. 다윗이 노년에 이스라엘의 인구를 조사합니다. 이때 인구를 조사한 것은 하나님이 아니라 자기가 거느린 군대를 의지하겠다는 것이었고, 자기가 거느린 백성의 수를 과시하고 자랑하기 위함이었고, 또 자기가 가진 막대한 힘을 자기 아들에게 물려주고자 함이었습니다. 하나님은 이 일을 좋아하지 않으셨습니다. 그래서 이스라엘에 사흘간 전염병이 돌게 하십니다. 사흘이라는 짧은 기간이었지만 단에서부터 브엘세바까지 이스라엘 전역에 전염병이 퍼졌고, 불과 3일 만에 7만 명의 무고한 백성들이 죽습니다. 죄는 다윗 왕이 지었지만, 그 고통은 이스라엘 백성들이 고스란히 지게 된 것입니다.

요즘 코로나19에 감염된 사람들은 이중 삼중의 고통을 당합니다. 먼저는 질병에 감염된 고통입니다. 영국의 한 의사가 코로나19에 감염되었다가 완치된 후 코로나19 체험기라는 글을 올렸습니다. 그 글에 의하면, 아프기로 치자면 코로나19가 역대 최고급인데 마치 마이크 타이슨과 4회전 복싱 경기를 하면서 흠씬 두들겨 맞은 것과 같다고 했습니다. 그러니 코로나19에 감염된 환자들이 신체적으로 얼마나 힘든 시간을 보내고 있을지 짐작이 됩니다. 그런데 그것이 전부가 아닙니다.

코로나19 확진 환자들에게는 신체적인 고통보다 더한 정신적인 고통이 있다고 합니다. 자신이 감염되었다는 고통, 자신으로 인해서 병이 확산되었다는 고통이 아주 크다고 합니다. 거기에 확진 환자들은 주변이 주는 온갖 눈총을 견뎌야 합니다. 자기를 보는 사람들의 눈길이 두렵고, 모든 책임이 자기에게 있는 것 같아서 견디기 힘들다고 합니다. 이번에 코로나19가 발병한 어느 교회의 목사님은 자신은 더 이상 목회를 할 수 없을 것 같다고 했습니다. 그 속에 심한 자책과 죄책감이 있는 것입니다. 그러나 사랑하는 성도 여러분!

이스라엘 백성 7만 명이 죽고, 단에서부터 브엘세바까지 이스라엘 모든 곳에서 백성들이 고통을 받은 것은 자기들의 죄 때문이 아니라 다윗 왕의 죄 때문이었습니다. 그러니 우리는 쉽게 누구를 정죄하지 말아야 합니다.

이사야 53:4-5절은 이렇게 기록합니다. "그는 실로 우리의 질고를 지고 우리의 슬픔을 당하였거늘 우리는 생각하기를 그는 징벌을 받아 하나님께 맞으며 고난을 당한다 하였노라 그가 찔림은 우리의 허물 때문이요 그가 상함은 우리의 죄악 때문이라 그가 징계를 받으므로 우리는 평화를 누리고 그가 채찍에 맞으므로 우리는 나음을 받았도다".

그리스도께서 고통당하신 것은 자신의 죄 때문이 아니었습니다. 그리스도께서 고통을 당하신 것은 우리의 죄와 허물 때문이었습니다. 이렇게 성경의 많은 고통은 대리적인 고통입니다. 내가 죄를 지어 내가 고통받는 것이 아니라 내가 죄를 지어 다른 누군가가 고통받는 것입니다. 예수님이 그러셨습니다. 그러므로 이번에 코로나19에 감염된 사람들을 쉽게 정죄하지 마십시오. 어쩌면 우리가 지은 죄의 대가를 그분들이 받고 있는 것인지도 모릅니다.

이 밖에도 성경에 소개되는 전염병 이야기는 많습니다.

기원전 701년 히스기야 임금 당시에 앗수르가 예루살렘을 포위했습니다. 그런데 앗수르 군인 18만5천 명이 하룻밤 사이에 죽습니다. 성경은 그 이유를 '여호와의 사자가 나와서 앗수르 진영에서 군사 십팔만 오천 명을 쳤다'고만 기록합니다. 그런데 많은 성경학자들은 이 부분을 해석하면서 아마도 앗수르 진영에 전염병이 돌았을 것이라고 합니다.

그러니까 전염병은 어느 특정한 시기에만 있었던 것이 아닙니다. 전염병은 모든 시기에 있었고, 그때마다 큰 피해가 있었습니다. 그러나 전염병이 창궐할 때마다 인류는 전염병을 극복해 왔습니다.

그러면 성경에서는 이런 전염병자를 어떻게 대우했을까요? 성경은 전염병에 걸린 사람을 격리시켰습니다. 특히 이들은 하나님을 예배하는 자리에 참석할 수 없었습니다. 이들이 예배에 참석하고 이스라엘 공동체에 다시 편입되기 위해서는 병이 완치되어야 하고, 그것을 제사장에게 확인받은 후, 정결예식을 먼저 치러야 했습니다. 성경이 전염병자들을 이렇게 엄격히 다룬 것은 그 전염성 때문이었고, 그 병이 하나님 앞에 부정한 것으로 여겨졌기 때문입니다.

아무튼 이런 것을 보면 요즘 교회가 온라인으로 대체하여 예배를 드리면서 코로나19가 확산되는 것을 막으려 노력하는 것은 성경의 정신과도 크게 상충되지 않습니다. 오히려 우리는 이번 기회에 사회의 질서에 협조하면서 지금까지 우리가 드려왔던 예배를 돌아보며 점검하면 좋을 것입니다.

성경에는 마음을 다해 하나님을 예배할 것을 명령하는 구절도 많지만, 이스라엘이 드리는 예배를 비판하고 조롱하는 이야기도 많습니다. 오늘 우리는 본문으로 아모스 5:4-6절까지 말씀을 읽었습니다. "여호와께서 이스라엘 족속에게 이와 같이 말씀하시기를 너희는 나를 찾으라 그리하면 살리라 벧엘을 찾지 말며 길갈로 들어가지 말며 브엘세바로도 나아가지 말라 길갈은 반드시 사로잡히겠고 벧엘은 비참하게 될 것임이라 하셨나니 너희는 여호와를 찾으라 그리하면 살리라 그렇지 않으면 그가 불같이 요셉의 집에 임하여 멸하시리니 벧엘에서 그 불들을 끌 자가 없으리라".

하나님께서 아모스 선지자를 통해 북 이스라엘에게 하시는 말씀입니다. 하나님께서는 북 이스라엘을 향해 벧엘과 길갈과 브엘세바를 찾지 말라고 하십니다. 그리고 여호와를 찾으라고 하십니다. 그래야 살 것이라고 하십니다. 그런데 이 말이 북이스라엘 사람들에게는 선뜻 이해가 되지 않습니다. 왜냐하면 북이스라엘이 하나님을 찾기 위해 가는 곳이 벧엘이었고 길갈이었고 브엘세바였기 때문입니다. 벧엘과 길갈과 브엘세바는 하나님이 임재하시는 특별한 곳이었고, 이스라엘이 그곳에 간다는 것은 하나님께 제사하기 위해 간다는 것이었습니다. 그래서 이스라엘이 벧엘과 길갈과 브엘세바에 가는 것 자체가 하나님을 찾는 것이었습니다. 그런데 하나님은 너희가 그곳에 가지 말고 나를 찾으라고 하십니다.

벧엘과 길갈과 브엘세바에 가지 않고 어떻게 여호와를 찾을 수 있습니까? 남 유다 백성들이 예루살렘 성전에 가지 않고 어떻게 여호와를 찾을 수 있습니까? 오늘 우리가 교회에 나오지 않고 어떻게 하나님을 예배하며 하나님을 찾을 수 있습니까?

그런데 하나님께서 이렇게 말씀하시는 이유가 있습니다. 아모스 4:4절에서 하나님은 이스라엘이 벧엘에 올라가서 범죄하며 길갈에 가서 죄를 더한다고 하십니다. 그리고 5절에서 그들이 각각 벧엘과 길갈에 올라가서 하나님을 제사하는 것은 자기들이 기뻐하는 것이라고 했습니다. 하나님이 기뻐하는 것이 아니라 자기들이 기뻐하는 것입니다. 이게 무슨 말일까요?

이스라엘의 예배는 성전 중심의 예배입니다. 이스라엘이 남과 북으로 나눠진 이후 성전이 없는 북 이스라엘은 하나님께 예배드리기 위해서 벧엘과 단에 각각 제단을 쌓고 그곳에서 하나님께 예배했습니다. 그러니까 북 이스라엘도 벧엘과 단에서 성전 중심의 예배를 드린 것입니다. 이들이 성전 중심의 예배를 드렸다는 것은 성전 이외의 곳에서는 하나님을 예배하지 않았다는 것입니다. 이스라엘은 정한 때에 성전에 나와서 하나님을 예배했지만 나머지 시간과 나머지 장소에서는 하나님을 찾지 않았습니다. 오히려 하나님을 외면했고, 우상을 따르면서 자기들 마음대로 살았습니다. 그래서 하나님은 벧엘과 길갈과 브엘세바로 가지 말라고 하십니다. 그들이 그곳에서 드리는 예배를 받지 않으시겠다는 것입니다. 아모스 5:22-23절 말씀입니다. "너희가 내게 번제나 소제를 드릴지라도 내가 받지 아니할 것이요 너희의 살진 희생의 화목제도 내가 돌아보지 아니하리라 네 노랫소리를 내 앞에서 그칠지어다 네 비파 소리도 내가 듣지 아니하리라".

남 유다도 마찬가지입니다. 이사야 1:11-12절 말씀입니다. "여호와께서 말씀하시되 너희의 무수한 재물이 내게 무엇이 유익하뇨 나는 숫양의 번제와 살진 짐승의 기름에 배불렀고 나는 수송아지나 어린 양이나 숫염소의 피를 기뻐하지 아니하노라 너희가 내 앞에 보이러 오니 이것을 누가 너희에게 요구하였느냐 내 마당만 밟을 뿐이니라".

이스라엘의 성전 예배는 타락했습니다. 예배의 형식은 잘 지켜졌지만 예배의 정신과 영성은 다 잃어버렸습니다. 그들이 예배를 드리기 위해 하나님의 성전을 찾는 것은 그저 성전의 마당만 밟을 뿐입니다. 그들이 하나님께 드리는 숫양의 번제와 살진 짐승은 하나님께 전혀 기쁨이 되지 않았습니다. 그래서 하나님은 너희가 더 이상 성전에 오지 말라고 하시는 것입니다.

그러면 성전에서 예배드리지 않으면 어디에서 예배를 드려야 할까요? 여기에 대해 아모스 선지자는 이렇게 말합니다. 아모스 5:15절 말씀입니다. "너희는 악을 미워하고 선을 사랑하며 성문에서 정의를 세울지어다 만군의 하나님 여호와께서 혹시 요셉의 남은 자를 불쌍히 여기시리라".

이스라엘이 사는 길은 성전에서 의미 없는 형식적인 예배를 계속 드리는 것이 아니었습니다. 이스라엘이 사는 길은 성문에서 정의를 행하는 것이었습니다. 성문은 누구나 다니는 길입니다. 이스라엘에 있어서 성문은 모든 사람에게 가장 일상적이고 보편적인 장소입니다. 또한 이스라엘에게 있어서 성문은 재판하는 장소이기도 합니다. 창세기 19장에 보면 롯이 소돔 성문에 앉았다는 말이 나오는데 이는 롯이 소돔의 재판관 역할을 했다는 의미입니다. 아무튼 성문은 모든 사람들의 삶이 드러나는 곳입니다. 하나님은 그곳에서 너희의 정의를 세우라고 하십니다. 그러면 너희 남은 자들을 불쌍히 여겨 주실 것이라고 하십니다.

요즘 교회가 말이 아닙니다. 지난 주간에는 구청에서 특별한 전화가 오고 공문이 왔습니다. 예배 시간에 구청 공무원이 교회에 방문하겠다는 것입니다. 교회에 와서 교회가 코로나19에 정상적으로 잘 대처하고 있는지 확인하겠다는 것입니다. 요즘 많은 교회가 교회에 모여서 예배를 드리지 못하고 있습니다. 거기에 대해서 여러분은 어떻게 생각하십니까? 지난 몇 주 설교한 대로 거기에 대해서는 찬반 의견이 팽팽합니다만, 저는 지금은 교회가 사회적 질서에 협력하는 것이 우선이라고 생각합니다. 우리가 살기 위해서가 아니라 우리로 인해 다른 사람이 피해를 볼까봐서입니다. 성경도 전염병자는 격리시키게 되어 있습니다. 그렇다면 전염병을 사전에 예방하는 것은 더 중요하지 않겠습니까? 여기에 대해서는 더 말하지 않겠습니다.

둘째, 우리가 성전의 제한된 예배에서 성문도 돌아보는 예배로 나가야 합니다. 성전 중심의 예배는 물론 중요합니다. 그러나 그것이 전부는 아닙니다. 우리는 성전 예배에서 받은 힘으로 성문 예배를 드려야 합니다. 우리들의 삶의 현장이 곧 예배의 현장이 되어야 한다는 말입니다. 요즘 우리는 매일 가정 예배를 드리고 있습니다. 여러분이 대부분 가정 예배를 잘 드리고 있고 예배 후 피드백도 잘 나누어주고 계십니다. 가정은 우리 삶의 가장 기본적인 단위입니다.

사랑하는 성도 여러분! 성전 중심의 예배가 위협을 받는 지금 거꾸로 삶의 가장 기본적인 단위인 가정에서부터 성문 예배를 회복하시기 바랍니다. 가정 예배에 최선을 다하십시오. 우리가 그동안 형식적으로 성전 예배를 드렸던 것처럼 가정 예배도 그렇게 드리지 마십시오. 가정에서 예배를 드렸으면 예배의 마음과 영성으로 가족들을 대하시고, 가정에서 하나님의 정의를 세우십시오. 요즘처럼 교회가 사회의 공격을 받는 때가 없습니다. 그렇다면 여러분은 요즘 더욱 진실하게 사회 속에서 그리스도인의 삶을 살아가십시오. 그래서 사람들의 신뢰를 회복하고 여러분들을 통해 하나님의 모습이 사람들에게 보여지게 하십시오. 그 모든 것이 예배인 것입니다.

하나님이 우리에게 요구하시는 예배는 일주일에 한 시간 교회에 모여서 드리는 형식적인 예배만이 아니라 그 외에 삶의 현장에서 드려지는 삶의 예배를 원하시는 것입니다. 성전에 모여서 예배를 드렸으면 그 예배의 힘과 영성으로 성문에서 정의를 이루어야 하는 것입니다. 하나님이 우리의 예배를 기뻐하지 않으시고 우리가 예배드리러 교회에 오는 것이 성전의 뜰만 밟으며 더럽히는 것이라면 이 얼마나 안타깝고 슬픈 일입니까?

오늘 본문에서 하나님은 '너희는 나를 찾으라'고 하셨습니다. 그러면 살 것이라고 하셨습니다. 하나님은 성문에 계시는데 성전에 와서만 하나님을 찾는다면 그것은 어리석은 일 아니겠습니까? 사랑하는 성도 여러분! 하나님 계신 곳으로 오십시오. 그리고 그곳에서 하나님을 찾으십시오. 하나님이 계신 곳이 교회만은 아닙니다. 여러분의 가정과 일터와 여러분이 살아가는 모든 곳에 하나님이 계십니다. 그곳에서 하나님의 정의를 이루십시오. 그것이 우리가 하나님께 드릴 삶의 예배고, 하나님은 그 예배를 기쁘게 받으실 것입니다.

총, 균, 쇠, 그중에서도 균이 인류 역사의 흐름을 바꿔왔듯이 이번 코로나19라는 균이 교회의 방향을 바꾸고, 교회의 새 역사를 쓰는 계기가 되기 바랍니다.

기도

사랑이 많으신 하나님 아버지, 오늘도 우리 각자가 주님을 예배할 수 있는 시간과 장소와 여건을 허락해 주셔서 감사합니다. 지금 우리는 교회에 모여서 예배하지 못하고 있습니다. 지금 우리는 가정에서, 그리고 각자 있는 곳에서 하나님을 예배하고 있습니다. 그래서 우리 마음에 불편과 부담이 있습니다. 우리가 과연 예배를 잘 드리고 있는 것인지, 우리가 다른 희생을 감수하고서라도 교회에 모여 예배드려야 했던 것은 아닌지 여러 가지로 고민스럽습니다. 그러나 하나님 아버지, 우리가 예배당을 사람으로 가득 채우고 예배를 드린다 해도, 하나님이 그 예배를 기뻐하지 않으신다면 무슨 소용이 있겠습니까? 하나님께서는 오늘 성전에서 모여 드리는 형식적인 예배를 그치고 성문에서 나를 찾으라고 하셨습니다. 그러면 너희가 살리라고 하셨습니다. 사랑이 많으신 하나님 아버지, 특화된 예배당만이 아니라 우리가 있는 모든 곳이 하나님을 예배하는 곳이 되게 하시고, 그곳에서 우리는 하나님의 정의를 이루며, 하나님의 백성으로 합당한 삶을 살게 하여 주옵소서. 오늘도 우리가 각자 있는 곳에서 마음을 다하고 뜻을 다하고 정성을 다해서 하나님을 예배했사오니, 이제 그 예배의 기쁨으로 어려움이 많은 주변을 둘러보게 하시고, 우리가 있는 곳에서 빛과 소금으로 살게 하여 주옵소서.

자비로우신 아버지 하나님! 지금 우리는 코로나19로 인해 3개월째 고통당하고 있습니다. 그동안 우리의 일상은 무너졌고, 우리 삶의 기반은 크게 흔들렸습니다. 학생들이 학교에 가지 못한지 3개월이 되었습니다. 자영업자들과 그곳에서 일하는 종업원들과, 그밖에도 이 땅의 대부분의 사람들이 경제적으로 큰 어려움에 처해 있습니다. 교회마다 사람들이 모이지 못해 예배당이 텅텅 비어 있습니다. 하나님 아버지, 우리에게 긍휼을 베풀어 주옵소서. 역사의 모든 시기에 극심한 전염병이 있었지만, 하나님께서는 그 시대 사람들에게 지혜를 주시고 봉사의 삶을 주셔서 모든 전염병을 극복하게 하셨습니다. 하나님 아버지, 오늘도 우리에게 지혜를 주시고, 서로 봉사하며 헌신하는 자들이 많이 있게 하셔서, 우리도 전염병을 이기고 새로운 시대를 맞이하게 하여 주옵소서.

이 땅의 모든 교회에서 더 이상 확진 환자가 나오지 않게 하시고, 교회가 사회의 부담이 되지 않게 하옵소서. 모두가 어려운 때 교회가 사람들의 위로가 되고 소망이 되게 하시며, 사람들이 교회를 비난하고 정죄하는 것이 아니라, 교회를 찾아와 '그러면 우리가 어찌할꼬' 묻는 곳이 되게 하여 주옵소서. 교회가 사람들에게 잘사는 법, 복 받는 법을 가르쳐 주는 곳이 아니라, 하나님의 나라를 보여주고, 영생의 소망을 가르치는 곳이 되게 하여 주옵소서. 오늘도 이 땅의 각 교회에 하나님은 크신 은총을 베풀어 주옵소서.

예수 그리스도의 이름으로 기도드리옵나이다. 아멘.

적용 질문

성전 예배와 성문 예배는 각각 무엇입니까? 오늘 우리는 어떻게 성문 예배를 드릴 수 있을까요? 오늘 우리가 드리는 예배를 하나님이 기뻐하실까요? 왜 그렇게 생각합니까?

스물한 번째 날

약한 자들과 함께 함

마가복음 9:30-50

할렐루야, 오늘은 사순절 스물한 번째 날입니다. 오늘도 주님과 더불어, 교회와 더불어, 이웃과 더불어 함께하는 행복한 하루가 되시기 바랍니다.

오늘은 마가복음 9:30-50절까지 읽었습니다.

예수님께서는 계속해서 고난과 죽음에 대해 말씀하십니다. 그러나 제자들은 거기에 관심이 없습니다. 관심이 없다기보다 여전히 이해할 수 없었는지도 모릅니다. 하나님이 외면하여 버리지 않으시는 한 메시아가 고난당하고 죽을 수는 없다는 것이 그들의 일관된 생각입니다. 그래서 제자들은 여전히 땅 위에 이루어질 메시아의 왕국을 준비합니다. 예수님이 낮은 곳을 향해 가실 때 제자들은 누가 더 큰지를 놓고 쟁론했습니다. 그들은 예수님께서 로마 제국을 물리치시고 이스라엘에 다윗의 때와 같은 힘 있는 왕국을 이루실 때 누가 더 높은 자리에 앉을지를 놓고 다퉜습니다. 그러나 예수님은 땅 위에 왕국을 세우지 않으십니다. 오히려 예수님은 땅에서 멸시와 조롱을 당하실 것이고, 십자가 위에서 가장 연약한 모습으로 죽으실 것입니다. 예수님이 그렇게 죽으셔야 부활하실 수 있기 때문입니다. 십자가 없이는 영광도 없고, 죽음 없이는 부활도 없는 것입니다.

이런 예수님의 모습을 가장 잘 대변하는 자들이 어린 아이들입니다. 어린 아이들은 연약합니다. 어린 아이들에게는 누군가의 보살핌이 필요합니다. 예수님은 이런 어린아이를 실족시키지 말라고 했습니다. 이런 어린 아이를 영접하라고 했습니다. 어린아이를 영접하는 것이 곧 나를 영접하는 것이라고도 했습니다. 연약한 어린 아이들의 모습이 곧 예수님의 모습이기 때문입니다. 예수님의 모습은 이 땅의 힘 있는 자들에게 있지 않습니다. 예수님의 모습은 가장 연약한 어린 아이들 속에 있습니다. 예수님은 그렇게 연약하고 무기력하게 십자가를 지셨고, 그 위에서 죽으셨습니다. 그럼에도 불구하고 우리가 힘 있고 능력 있는 예수님의 모습만 찾아다닌다면, 그것은 누가 더 큰지, 누가 더 높은 자리에 앉을지를 놓고 다투는 제자들의 모습과 다르지 않습니다.

우리 주변의 연약한 자들 속에 예수님이 계십니다. 우리가 그들을 섬기는 것이 예수님을 섬기는 것이고, 그들을 영접하는 것이 곧 예수님을 영접하는 것입니다. 그러므로 오늘 하루 예수님을 대하듯 주위의 연약한 자들을 대하십시오. 어느 누구에게도 무례히 행치 마시고, 사랑으로 대우해 주십시오. 그것이 옳습니다.

우리가 제대로 알지 못하면 제대로 반응할 수 없습니다. 예수님을 잘 알지 못하면 예수님의 뜻대로 살 수 없습니다. 자기 고집과 편견을 내려놓지 않으면 예수님을 바로 알 수 없습니다. 결국 우리가 예수님께 나올 때 가장 큰 장애는 자기 고집입니다. 오랜 세월 굳어진 집착과 편견입니다. 이것을 내려놓지 않는 한 우리는 영원히 예수님을 바로 알지 못할 것입니다.

기도

사랑이 많으신 하나님 아버지, 우리를 사랑하시고 우리를 구원하시기 위해 하늘의 영광을 모두 버리시고 연약한 사람의 몸으로 오셔서 고난과 조롱과 멸시를 받으시고, 마침내 십자가 위에서의 허무하고 무기력한 죽음의 길까지도 마다하지 않으신 하나님 아버지 감사합니다. 주께서 연약해지셔서 감사하고, 주께서 십자가 위에서 죽어 주셔서 감사합니다. 제자들마저 높아지려 싸우고 쟁론할 때도 주님께서 묵묵히 고난의 길을 걸어 주셔서 감사합니다. 그렇게 주님께서 우리를 사랑해 주셨고, 그렇게 주님께서 우리를 구원해 주셨습니다.

자비하신 하나님, 부족하지만 우리도 그 길을 따라가게 하여 주옵소서. 이 땅의 높은 곳에만 소망을 두고 살지 말게 하시고, 주께서 바라보셨던 곳을 우리도 바라보고, 주께서 귀기울이셨던 자들의 소리에 우리도 귀를 기울이고, 주께서 지셨던 십자가를 우리도 지고, 그렇게 우리도 주님 가신 길을 따라가게 하여 주옵소서. 그리하여 우리가 가는 이 길의 끝에서 우리가 주님을 만나뵈옵게 하여 주옵소서.

오늘 하루의 삶도 주께서 도와주셔서 오늘도 우리가 해야 할 일을 잘 감당하게 하시고, 우리가 만나는 사람들과 다투지 않게 하여 주옵소서. 코로나19가 더 이상 확산되지 않게 하시고, 주님의 도우심으로 이 땅에 모든 전염병이 떠나가고 평안한 일상이 회복되게 하여 주옵소서. 우리가 성전에 모여 예배드리듯 성문에서도 주의 정의를 이루며 살게 하여 주옵소서. 오늘 하루 우리가 있는 곳이 교회가 되게 하시고, 우리가 살아가는 삶이 예배가 되게 하시며, 우리가 만나는 사람들을 내 몸처럼 사랑하고, 하나님을 대하듯 대하게 하여 주옵소서.

예수 그리스도의 이름으로 기도드리옵나이다. 아멘.

적용 질문

우리가 기대하는 하나님은 어떤 하나님입니까? 우리는 하나님으로부터 어떤 도움을 받고 싶어합니까? 다른 사람의 연약함을 업신여기고, 자신의 연약함에 대해 부끄러워한 적은 없습니까? 그런 모습은 왜 잘못된 것일까요?

스물두 번째 날

약한 자가 되십시오

마가복음 10:1–16

할렐루야, 오늘은 사순절 스물두 번째 날입니다. 오늘도 주님과 더불어, 교회와 더불어, 이웃과 더불어 함께하는 행복한 하루가 되시기 바랍니다.

오늘 읽은 말씀은 마가복음 10:1-16절입니다.

바리새인들이 예수님을 시험하기 위해 이혼에 관해 물었습니다. 시험하기 위해서 물었다는 것은 걸려 넘어지게 하기 위해 물었다는 것입니다. 예수님 당시에 이혼은 정치적으로 민감한 이슈였습니다. 세례 요한이 죽은 것은 헤롯과 헤로디아의 이혼과 결혼을 문제 삼았기 때문입니다. 만일 예수님께서 이혼에 대해 부정적으로 말한다면 세례 요한처럼 죽을지도 모릅니다. 반대로 예수님이 이혼에 대해 긍정적으로 말한다면 세례 요한을 선지자로 알았던 많은 사람들로부터 외면당할 것입니다. 그런 의미에서 이혼에 관한 바리새인들의 질문은 참 난처한 질문입니다. 바리새인들은 항상 예수님을 곤란하게 하려 했습니다. 그것이 그들이 예수님을 찾는 유일한 이유였습니다.

이혼은 하나님의 뜻이 아닙니다. 하나님은 사람을 남자와 여자로 지으시고, 둘이 결혼하여 한 몸이 되게 하셨습니다. 하나님이 짝지어 주신 것을 사람이 나누지 말아야 합니다. 그것이 창조의 질서고 하나님의 뜻입니다. 그러나 완악한 사람들은 하나님의 질서를 깨뜨렸습니다. 사람들은 쉽게 이혼했고, 남자들은 여자들을 버렸습니다. 그 피해는 대부분 여자들이 져야 했습니다. 전쟁에 나갈 수 없는 여자들에게는 아무런 권리도 없었고, 그래서 성경은 남편 없는 여자를 가장 연약한 자라고 했습니다. 예나 지금이나 이혼의 피해는 주로 여자들에게 집중되기 때문입니다. 이런 피해를 막기 위해 모세가 제정한 법이 이혼증서입니다. 이혼증서는 이혼을 정당화하기 위해서 만들어진 법이 아니라, 이혼의 절차를 복잡하고 어렵게 해서 함부로 이혼하지 못하게 하기 위한 것이었습니다. 그러나 사람들은 그 법을 악용하여 이혼증서를 써 주고 떳떳하게 이혼했습니다. 아내가 남편의 식사를 망쳐도 이혼했고, 다른 여자가 자기 아내보다 예뻐 보여도 이혼했습니다. 이혼증서만 써 주면 언제든지 이혼할 수 있었습니다. 선한 의도로 만들어진 법을 완악한 사람들이 악용한 것입니다.

이혼의 문제는 약자의 관점에서 이해되어야 합니다. 힘 있는 사람이 더 나은 조건을 찾아 이혼하는 것과, 힘없는 사람이 자기의 생명과 최소한의 가치를 지키기 위해 이혼하는 것은 같지 않습니다. 이 부분은 나중에 좀 더 시간을 두고 이야기해야 할 것입니다.

제자들은 아이들이 예수님께 나오는 것을 좋아하지 않았습니다. 아이들은 예수님께 아무런 유익도 되지 않았기 때문입니다. 그러나 예수님은 아이들을 용납했고, 하나님 나라는 아이들의 것이라고 하셨습니다. 그리고 누구든지 어린아이처럼 하나님의 나라를 받들어야 그곳에 들어갈 수 있다고 하셨습니다. 예수님이 말씀하시는 아이들은 순수하고 깨끗한 사람을 말하지 않습니다. 예수님이 말씀하시는 아이들은 연약하여 스스로는 아무것도 할 수 없는 사람을 말합니다. 하나님 나라는 순수하고 깨끗한 사람이 가는 곳이 아닙니다. 스스로가 너무 강해서 하나님조차 필요하지 않은 사람이 가는 곳도 아닙니다. 하나님의 나라는 하나님의 도우심이 아니고서는 아무것도 할 수 없고, 그래서 오직 하나님만 의지하여 살 수밖에 없는 사람들이 가는 곳입니다. 그래서 하나님의 나라는 아이들의 것입니다.

지금까지 예수님은 연약한 자들과 함께하셨습니다. 중풍 병자를 고쳐주셨고, 세리와 죄인들과 함께 한 식탁에 앉으셨습니다. 귀신들린 사람을 고치셨고, 열두 해 동안이나 하혈을 해서 부정한 여인을 고쳐주셨습니다. 유대인들로부터 개 취급받던 수로보니게 여자의 귀신들린 딸도 예수님이 고쳐주셨습니다. 그리고 어린아이들을 용납하고 안아주셨습니다. 제자들이 누가 더 큰지, 누가 더 높은 자리에 앉을지 경쟁할 때 예수님은 소외되고 버림받은 사람들에게 다가가셨습니다. 그리고 오늘은 어린아이를 영접할 뿐 아니라 너희가 어린아이가 되라고 하십니다. 연역한 자를 도와주고 감싸주는 정도가 아니라 너희 스스로가 연약한 자가 되라는 것입니다. 연약한 자란 돈 없고 빽 없는 사람을 말하는 것이 아니라, 하나님이 아니고서는 살 수 없는 사람을 말합니다. 하나님의 나라는 이런 자들의 것입니다.

사랑하는 성도 여러분! 오늘 우리 삶의 방향은 정당한지 돌아봅시다. 우리가 원하는 것이 하나님조차 필요치 않을 만큼 높아져서, 마음에 들지 않는 사람과 이혼하고, 쫓아내고, 그들을 꾸짖으면서 사는 것이라면 그것은 잘못입니다. 우리는 하나님의 도움과 보살핌이 없이는 살 수 없는 낮은 곳을 향해서 가는 사람들이고, 우리 스스로가 어린아이와 같이 연약함을 알아서 하나님의 전적인 보살핌을 신뢰하며 사는 사람들입니다.

하나님이 아니고서는 살 수 없는 우리 모든 식구들 위에 오늘 하루도 하나님의 도우심이 가득하시기를 바랍니다.

기도

전능하신 하나님 아버지, 연약한 우리를 사랑하셔서 연약한 사람의 몸으로 오신 하나님 아버지, 하늘의 천군과 천사를 동원해서 땅을 호령할 수 있는 권세를 포기하시고, 가난한 목수의 아들로 오셔서 연약한 사람의 삶을 살아가신 하나님 아버지, 감사합니다. 우리도 주님 가신 그 길을 따라가게 하여 주옵소서. 세상의 강함과 부요함을 부러워하지 말게 하시고, 출세하고 성공하여 높은 자리에 올라서는 것이 우리 삶의 목적이 되지 않게 하여 주옵소서. 힘없는 아내와 아이들 위에 군림하려 하지 않게 하시고, 사랑과 친절과 봉사로 가족을 대하고, 주변의 연약한 사람들을 보살피며 살게 하여 주옵소서.

사랑이 많으신 하나님 아버지, 우리는 하나님의 도우심이 아니고서는 살 수 없으며, 하나님의 은혜가 아니면 하나님 나라에 들어갈 수 없음을 고백합니다. 우리의 연약함을 살펴주시고 우리에게 새 힘을 베풀어 주옵소서.

4.15총선이 20여 일 앞으로 다가왔습니다. 앞으로 4년 동안 나라를 위해, 힘없는 시민들을 위해 정성껏 섬기며 일할 수 있는 좋은 국회의원들이 선출되게 하여 주옵소서. 당리당략과 사리사욕에 매인 사람들은 우리가 분별하여 낙선시키게 하시고, 계파와 지역감정과 낡은 사상에 매인 사람들도 그 길을 막아 주옵소서. 권세는 하나님께서 세우신다 하셨으니 주님의 뜻에 맞는 자들을 세워 주시고, 특별히 국가적으로 어려운 때에 느헤미야와 같은 지도자가 세워지게 하여 주옵소서.

오늘 하루도 우리 가족 모두를 살피시고, 특별히 우리 아이들이 하나님 앞에서 정직하고 바르게, 그리고 안전하고 건강하게 사는 하루가 되게 하여 주옵소서.

예수 그리스도의 이름으로 기도드리옵나이다. 아멘.

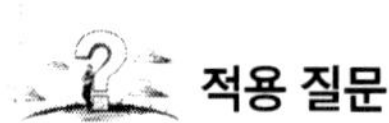

적용 질문

'하나님의 나라는 아이들의 것이다'라는 말의 의미는 무엇입니까?

스물세 번째 날

할 만해서 하지는 않았습니까?

마가복음 10:17-31

할렐루야, 오늘은 사순절 스물세 번째 날입니다. 오늘도 주님과 더불어, 교회와 더불어, 이웃과 더불어 함께하는 행복한 하루가 되시기 바랍니다.

오늘 읽은 말씀은 마가복음 10:17-31절입니다.

오늘은 유대 사회에서 가장 천대받던 어린아이들에 이어서 유대인들로부터 가장 존중받았던 부자의 이야기가 나옵니다. 누가복음 18장에 보면 이 사람은 부자일 뿐 아니라 관리였습니다. 어려서부터 율법도 잘 지켰습니다. 이 부자 청년은 지금껏 살면서 살인하지 않았고 간음하지도 않았습니다. 남의 것을 도둑질하지도 않았고, 거짓 증언을 하거나 누구의 것을 속여서 빼앗지도 않았습니다. 부모도 공경했습니다. 유대인들의 관점에서 보면 이 청년은 천국과 아주 가까운 사람입니다.

어느 날 부자 청년이 예수님을 찾아와서 물었습니다. "선한 선생님이여 내가 무엇을 하여야 영생을 얻으리이까?" 서기관이나 바리새인들은 예수님을 시험하고 걸려 넘어지게 하기 위해 예수님께 나왔습니다. 그러나 부자 청년은 영생의 문제를 묻기 위해 예수님께 나왔습니다. 그런 것만 보아도 부자 청년은 외식하는 바리새인들과는 같지 않았습니다. 그러나 예수님께서는 부자 청년에게 아직도 한 가지 부족한 것이 있다고 하십니다. 그러니 '네게 있는 것을 다 팔아 가난한 자들에게 주라'고 하십니다. 그러면 하늘의 보화가 있을 것이라고 하십니다. 하늘의 보화가 있을 것이라는 말은 부자 청년이 물었던 영생을 얻을 것이라는 의미입니다. 그런데 예수님의 대답을 들은 부자 청년은 슬픈 기색을 띠고 고민하면서 예수님을 떠났습니다. 왜냐하면 이 청년에게는 재물이 너무 많았기 때문입니다.

우리가 마가복음 7장을 묵상할 때 율법과 장로들의 전통을 모두 지키기 위해서는 넉넉한 시간도 있어야 하고, 먹고 살기에 부족함도 없어야 하고, 구별된 신분도 있어야 한다고 했습니다. 당장 먹고 살기 바쁜 사람들이 때를 따라 손을 씻고 주발과 놋그릇을 씻어가며 율법과 모세의 전통을 모두 지킬 수는 없었습니다. 바리새인들은 예수님의 제자들이 씻지 않은 손으로 떡을 먹었다고 시비를 걸었지만, 그들이 율법과 장로들의 유전을 형식적으로라도 지킬 수 있었던 것은 그들이 서기관이고 바리새인이라는 신분이 있었기 때문이었습니다.

그동안 부자 청년은 율법을 잘 지켰습니다. 살인하지 않았고, 남의 물건을 탐하지도 않았습니다. 영생의 문제에도 관심이 많았습니다. 그런데 부자 청년이 이렇게 살 수 있었던 것은 그가 부자고 관리였기 때문인지도 모릅니다. 그가 만일 평범한 유대인이었다면 그도 율법을 범하고, 영생의 문제는 생각할 겨를도 없었을지 모릅니다. 만일 그런 것이 아니라면 그가 가진 재산을 다 팔아 가난하게 되어서도 똑같이 율법을 지키고 영생의 문제를 고민할 수 있어야 합니다. 그런데 부자 청년은 '네게 있는 것을 다 팔아 가난한 사람에게 주고 나를 따르라'는 예수님의 말씀을 듣고는 근심하며 예수님을 떠났습니다. 자기가 가진 많은 재산을 다 포기하면서까지 주님을 따를 수는 없었던 것입니다. 다른 말로 하면 그는 돈이 없고 지위가 없으면 율법을 지키고 영생의 문제를 고민하지도 못했으리라는 것입니다. 결국 그가 그동안 율법을 잘 지키고, 고상하게 영생의 문제를 고민할 수 있었던 것은 지금껏 부자와 관리로서 살 만했기 때문이었습니다.

저는 오늘 말씀을 묵상하면서 이런 생각을 했습니다. 그동안 우리는 신앙생활을 아주 잘해왔습니다. 주일예배에 빠지지도 않았고, 십일조와 기타 헌금 생활도 잘했습니다. 가끔 모여 성경 공부도 했고, 교회에서 필요한 일이 있을 때마다 협력했습니다. 그런데 어쩌면 우리는 지금까지 그 모든 것을 할 만해서 했는지도 모른다는 생각이 듭니다. 만일 그렇지 않다면 코로나19로 인해 우리의 상황이 급격하게 바뀐 지금도 우리는 여전히 우리의 믿음을 삶으로 입증할 수 있어야 합니다.

지금 교회의 모든 모임이 중단되었습니다. 그러다 보니 누가 새벽에 와서 기도하라고 하는 사람도 없고, 주일 예배에 빠지지 말라고 간섭하는 사람도 없습니다. 공식적으로 헌금을 걷지 않으니 내가 헌금을 하는지 마는지 볼 사람도 없습니다.

사랑하는 성도 여러분! 그래서 어떻게 하시겠습니까? 그래서 여러분은 지금 어떻게 하고 계십니까? 여러분의 예배와 여러분의 기도와 여러분의 헌신은 지금도 여전합니까? 여러분은 지금도 하나님을 신뢰하며 하나님의 도우심을 전심으로 구하고 있습니까? 저는 지금이야말로 우리가 그동안 해왔던 신앙생활이 형식이 아니었음을 입증해야 할 때라고 생각합니다. 우리는 지금이야말로 더욱 힘을 내서 진실되게 신앙의 삶을 살아야 합니다. 어디서든지 영과 진리로 예배드려야 하고, 어떻게든 시간과 장소를 정해서 기도해야 합니다. 그리고 우리가 매일 묵상하는 말씀대로 힘껏 살아가야 합니다. 그래서 교회를 비난하고 성도들을 향해 손가락질하는 요즘 다시 세상의 신뢰를 회복해야 합니다.

지금은 우리가 슬퍼하고 근심하며 예수님을 떠날 때가 아닙니다. 오히려 지금이야말로 우리가 더욱 굳건하게 주님을 붙잡고 주님께 나와 주님을 의지할 때입니다.

기도

사랑이 많으신 아버지 하나님, 지금 우리는 신앙의 큰 도전을 받고 있습니다. 사람들은 교회를 신뢰하지 않고, 성도들을 좋아하지 않습니다. 교회가 모여 예배드리는 것을 중단하라 하고, 강제적으로라도 교회를 해산시키려 하고 있습니다. 그동안 우리는 좋은 여건에서 신앙생활 잘해왔는데, 이제는 똑같은 일을 위해서도 무엇인가를 고민하고 결단해야 합니다. 그러나 하나님 아버지, 우리가 그동안 그렇게 많이 기도하고 주님을 예배한 것은 지금을 위함입니다. 우리가 그동안 그렇게도 많이 사랑을 이야기한 것도 지금을 위함입니다. 지금이야말로 우리가 더욱 힘을 내서 주님을 신뢰하게 하시고, 우리를 향해 비웃고 손가락질하는 사람들을 사랑하게 하여 주옵소서. 우리가 지금 사람들 속에서 해야 할 일이 생각나게 하시고, 하나님께서 생각나게 하시는 그 일들을 마다하지 않고 힘껏 봉사하게 하시며, 그렇게 하나님을 알지 못하는 사람들 속에서 빛이 되고 소금이 되게 하여 주옵소서.

사랑이 많으신 하나님 아버지, 이 시간 이 땅의 모든 목회자들을 위해 기도합니다. 지금이야말로 좋은 리더십이 필요한 때인데, 이 땅의 모든 목회자들에게 바른 영성과 지혜와 분별과 결단을 허락하셔서 모든 순간 바르게 결정하게 하시고, 교회와 성도들을 잘 이끌어가게 하여 주옵소서. 이 땅 구석구석에 시대의 아픔을 안고 기도하는 목회자들이 많이 있사오니 저들의 기도를 들으시고 이 땅에 주의 평화를 내려 주옵소서.

사랑이 많으신 예수 그리스도의 이름으로 기도드리옵나이다. 아멘.

적용 질문

지금보다 우리의 형편이 더욱 열악해져도 우리는 여전히 하나님을 예배하며 믿음의 삶을 살아갈 수 있을까요? 그렇다면 그것은 무엇을 보아서 알 수 있습니까?

스물네 번째 날

다른 길

마가복음 10:32-52

할렐루야, 오늘은 사순절 스물네 번째 날입니다. 오늘도 주님과 더불어, 교회와 더불어, 이웃과 더불어 함께하는 행복한 하루가 되시기 바랍니다.

오늘 읽은 말씀은 마가복음 10:32-52절입니다.

예수님께서 앞으로 있을 고난과 죽음에 대해 세 번째로 말씀하십니다. 예수님께서 가시는 길은 명확합니다. 예수님은 예루살렘에 올라가셔서 대제사장과 서기관들에게 넘겨지실 것입니다. 그들은 예수님을 죽이기로 결의하여 이방인들에게 넘겨줄 것이고, 예수님을 넘겨받은 사람들은 예수님을 능욕하며 침을 뱉으며 채찍질하고 죽일 것입니다. 그러나 예수님은 죽은 지 사흘 만에 부활하실 것입니다. 예수님은 이 일을 위해 오셨고, 이 길에서 한 번도 어긋나지 않으셨습니다. 예수님은 '내가 이 세상에 온 것은 내 목숨을 많은 사람의 대속물로 주기 위함이라'고 하셨습니다. 그러나 제자들은 여전히 예수님께서 가시는 길을 이해하지 못합니다. 그런 의미에서 제자들이 가는 길도 명확합니다. 제자들은 예수님과 함께 예루살렘에 들어가 로마 정부를 무너뜨리고 새로운 이스라엘을 건설할 기대에 부풀어 있습니다. 만일 예수님께서 이스라엘의 새로운 왕이 되신다면 자기들이 예수님의 좌편 혹은 우편에서 예수님을 보필할 것이라고 기대했습니다. 야고보와 요한뿐 아니라 나머지 제자들의 마음도 모두 그랬습니다.

결국 제자들은 예수님과 함께 예루살렘을 향해 올라가고 있지만, 그 목적은 달랐습니다. 예수님은 고난받고 죽기 위해 예루살렘으로 가셨고, 제자들은 승리의 영광을 누리기 위해 예루살렘으로 올라갔습니다. 항상 예수님과 함께 있으면서도 예수님과 전혀 다른 길을 가고 있는 것입니다.

제자들이 얻고자 하는 높은 자리는 하나님 나라의 질서대로 움직이지 않습니다. 오늘 42절에서 예수님은 '이방인의 집권자들이 그들을 임의로 주관하고 그 고관들이 그들에게 권세를 부린다'고 했습니다. 이 말을 공동번역에서는 '이방인들의 통치자로 자처하는 사람들은 백성을 강제로 지배하고 또 높은 사람들은 백성을 권력으로 내리누른다'고 번역했습니다. 세상의 고관들은 백성들을 섬기지 않습니다. 그들은 백성들을 강제로 지배하고 그들이 가진 힘으로 백성들을 내리누릅니다. 지금 제자들이 예수님을 통해 얻고자 하는 것이 이런 것입니다. 예수님은 계속해서 낮은 곳을 향하시고, 세상의 약한 사람, 부정한 사람, 그래서 멸시받고 천대받는 사람들을 찾아가 그들과 한 식탁에 앉으시고, 그들의 약함을 만져주시며,

너희도 어린아이처럼 연약한 자가 되라고 본을 보이며 가르치셨습니다. 그런데 예수님의 제자들은 아직도 낮은 곳이 아니라 높은 곳을 향하고, 연약한 자가 아니라 관리가 되고 부자가 되는 힘 있는 자리를 찾아가고 있는 것입니다. 그러니 제자들은 지금 예수님을 따르고 있지만, 그들이 가는 길은 예수님이 가시는 길과 다른 것입니다.

이런 제자들을 향해 예수님이 말씀하십니다. "너희 중에 누구든지 크고자 하는 자는 너희를 섬기는 자가 되고 너희 중에 누구든지 으뜸이 되고자 하는 자는 모든 사람의 종이 되어야 하리라". 우리는 섬기면서 커지고, 종이 되어서 높아지는 사람들입니다. 우리가 만일 섬기기를 거부하고, 종이 되기를 싫어한다면 우리는 평생 높아질 수 없습니다. 왜냐하면 우리는 모두 성도들이기 때문입니다.

부자 청년은 가진 게 없어서 예수님을 떠난 것이 아닙니다. 부자 청년은 오히려 너무 많이 가져서 예수님을 떠났습니다. 세상의 높은 지위는 예수님을 따르는 데 아무런 도움도 되지 않습니다. 세상의 많은 물질도 마찬가지입니다. 그럼에도 불구하고 높은 지위와 많은 물질을 집요하게 원하는 것은 하나님의 나라 외에 다른 욕심이 있는 것입니다.

예수님은 맹인 거지 바디매오의 눈을 고쳐주십니다. 그러자 그가 예수님을 따릅니다. 지금 예수님이 가시는 길은 고난과 죽음의 길인데 그 길을 따라나섭니다. 부자 청년은 가진 게 많아서 예수님을 떠났지만, 아무것도 가진 것 없었던 거지 맹인 바디매오는 예수님을 따랐습니다.

사랑하는 성도 여러분! 오늘 우리가 원하는 것은 많은 재물과 높은 지위입니까? 아니면 예수님을 따르는 길입니까? 예수님을 따르는 길에는 아무 보상도 없습니다. 오히려 고난과 죽음이 있을 것입니다. 그럼에도 불구하고 예수님을 따르는 것이 목적입니까? 아니면 예수님의 이름에 기대 부자가 되고 높은 자리에 앉는 것이 목적입니까? 오늘 하루 이 문제를 심각하게 고민하고, 여러분의 방향을 정하시기 바랍니다. 우리는 매일 예수님과 함께하지만 그러나 예수님과 전혀 다른 길을 갈 수도 있습니다. 오늘 저와 여러분이 가는 이 길 끝에서 주님을 만날 수 있었으면 좋겠습니다.

기도

사랑이 많으신 아버지 하나님, 우리도 주님 가신 길 따라가며 주님처럼 살게 하여 주옵소서. 더 많이 가지려 하고, 더 높아지려는 욕심을 내려놓게 하시고, 예수님 마음 있는 곳에 우리 마음도 두고, 예수님 눈길 머문 곳에 우리 눈길도 두며, 예수님께서 만지고 사랑하셨던 사람들을 우리도 아끼고 사랑하며 살게 하여 주옵소서. 주님께서 앞서가신 길을 우리가 따라가게 하여 주옵시고, 그래서 우리가 가는 이 길 끝에서 주님을 뵈올 수 있게 하여 주옵소서. 우리의 영안을 열어 주옵시고, 우리의 들을 귀를 열어주셔서 우리가 주님의 마음을 흡족하게 하며 살게 하여 주옵소서.

자비로우신 하나님 아버지, 어제도 코로나19 확진 환자가 나온 가운데, 특히 부여에 있는 규암성결교회에서 확진 환자가 나왔습니다. 교회와 성도들은 얼마나 당황했을 것이며, 지역 사회는 교회로 인해 또 얼마나 불안해하고 있을까요? 하나님께서 규암성결교회와 교회가 있는 지역에 긍휼을 베풀어 주옵소서. 더 이상 그 지역에 바이러스가 확산되지 않게 하시고, 교회도, 지역도 속히 안정되게 하여 주옵소서.

오늘 하루도 우리 삶에 하나님의 크신 은총을 베풀어 주옵소서. 우리가 오늘 하루 각자 있는 곳에서 하나님의 정의를 이루며 살게 하여 주옵소서.

예수 그리스도의 이름으로 기도드리옵나이다. 아멘.

적용 질문

우리는 예수님과 같은 길을 가고 있습니까? 다른 길을 가고 있습니까? 왜 그렇게 생각합니까?

스물다섯 번째 날

군마가 아니라 나귀새끼입니다

마가복음 11:1-19

할렐루야, 오늘은 사순절 스물다섯 번째 날입니다. 오늘도 주님과 더불어, 교회와 더불어, 이웃과 더불어 함께하는 행복한 하루가 되시기 바랍니다.

오늘은 마가복음 11:1-19절까지 말씀을 읽었습니다.

예수님께서 나귀 새끼를 타고 예루살렘 성에 들어가십니다. 사람들은 자기들의 겉옷과 들에서 벤 나뭇가지를 길에 펴며 예수님을 맞았습니다. 그러면서 '호산나 찬송하리로다 주의 이름으로 오시는 이여'라고 소리쳤습니다. 겉옷과 나뭇가지를 펴는 것은 왕을 맞이하는 행위였고 '호산나'라고 외치는 것은 왕의 자비를 구하는 행위였습니다. 그러니까 사람들은 지금 예루살렘에 입성하시는 예수님을 왕으로 맞이하고 있는 것입니다. 물론 그들이 기대하는 왕은 로마 제국을 무너뜨리고 다윗 시대의 영광을 재현할 이스라엘의 정치적인 왕입니다.

그러나 예수님은 그들의 기대와는 다른 길을 가십니다. 예수님은 로마 제국을 무너뜨리기 위해 군마를 타지 않으셨습니다. 예수님은 아무런 힘도 없는 나귀 새끼를 타셨습니다. 예수님은 하늘의 천군과 천사들을 호령하지도 않으셨습니다. 예수님은 그저 힘없는 몇 명의 제자들을 앞세우셨을 뿐입니다. 이제 예수님은 로마의 군인들에게 결박될 것이고, 온갖 수치와 조롱을 다 당하신 후 십자가에 죽으실 것입니다. 예수님이 죽어야 우리가 살기 때문입니다. 이것이 예수님이 가실 길이었습니다. 예수님은 죽어서 온 인류의 왕이 되실 것입니다.

서로 다른 길을 간다는 것은 무서운 일입니다. 예수님을 왕으로 영접하며 환호했던 사람들은 불과 며칠 후에 예수님을 죽이라고 소리치게 됩니다. 항상 예수님의 곁에서 예수님을 따랐지만, 그들은 그 길 끝에서 예수님을 죽이게 되는 것입니다. 예수님과는 가는 길이 달랐기 때문입니다.

사랑하는 성도 여러분! 우리가 가는 이 길 끝에 예수님이 계실까요? 우리는 지금 예수님과 같은 길을 가고 있는 것일까요? 길을 가다 넘어질 수는 있습니다. 넘어져서 아주 오랫동안 움직이지 못할 수도 있습니다. 그러나 같은 길 위에 있는 것이 중요합니다. 우리의 가는 길 끝에서 예수님을 볼 수 있다면 우리는 비록 넘어지고 실수하더라도 잘 살고 있는 것입니다.

예수님께서 잎만 무성한 무화과나무를 저주하셨습니다. 성경에서 무화과나무는 주로 이스라엘을 상징합니다. 그러니까 예수님께서 잎만 무성하고 열매는 없는 무화과나무를 저주하셨다는 것은 종교적인 형식만 있을 뿐 삶의 열매는 하나도 없는 이스라엘을 저주하셨다는 것입니다. 이스라엘의 성전 예배는 형식만 남았습니다. 제사장과 종교 지도자들은 외식과 위선으로 가득 찼습니다. 이스라엘은 성전 문지방이 닳도록 하나님을 예배했지만, 그들의 삶 속에는 이미 하나님이 계시지 않았습니다. 그 단적인 예가 성전을 장사치와 강도의 소굴로 만드는 것이었습니다.

예루살렘 성전에는 이방인들을 위한 마당이 있었습니다. 이곳은 이방인들도 하나님께 기도하며 예배하기 위해 구별된 장소입니다. 그러나 이스라엘의 종교 지도자들은 이방인들의 뜰에서 장사를 하게 했습니다. 이곳에서 성전세를 위해 돈을 바꾸게 했고, 하나님을 제사하기 위한 제물을 거래하게 했습니다. 원래 이런 일들은 성전 맞은편에 있는 감람산에서 했고, 그 일은 산헤드린에 의해 관리되었습니다. 그런데 대제사장들이 이 모든 일들을 성전 안으로 끌어들인 것입니다. 왜냐하면 돈을 바꾸고 제물을 거래할 때마다 막대한 이익이 남았기 때문입니다. 결국 대제사장과 종교 지도자들은 하나님을 예배해야 할 성전에서 장사하면서 자기들의 이익을 추구한 것입니다. 그 결과 이방인들은 하나님을 예배할 곳을 잃었습니다. 대제사장과 종교 지도자들의 경제적인 이익을 위해 이방인들이 성전에서 쫓겨난 것입니다. 예수님은 여기에 분노하셨습니다. 그래서 그곳에서 장사하는 자들을 쫓으셨습니다. 그리고 '내 집은 만민이 기도하는 집인데 너희가 성전을 강도의 소굴로 만들었다'고 하셨습니다. 이것이 잎만 무성하고 열매는 없는 이스라엘의 본 모습이고, 그런 이스라엘의 모습을 열매 없는 무화과나무를 통해 책망하고 저주하신 것입니다.

삶이 없는 예배는 무의미합니다. 삶이 없는 신앙고백은 허무합니다. 하나님을 예배하는 형식은 항상 중요하지만, 그러나 그 열매가 삶으로 나타나야 합니다. 잎만 무성하고 열매는 없었던 무화과나무를 예수님이 책망하셨듯이 열매 없이 예배만 드리고, 열매 없이 기도만 하는 성도들을 주님께서는 기뻐하지 않으실 것입니다. 그러므로 오늘 하루 여러분의 삶의 현장에서 믿음을 증명하십시오. 사람들을 억압하려 하지 말고 섬겨주십시오. 높은 자리를 부러워하지 말고 낮은 자리에서 나보다 더 낮은 사람을 품고 사랑해 주십시오. 입술로 하나님을 고백했다면 삶으로 그 하나님을 증명해 내십시오. 우리가 지금 교회에 모여 예배하지 못하는 것만 아쉬워하지 마시고 여러분이 있는 곳이 교회가 되게 하시고, 여러분의 삶이 곧 예배가 되게 하십시오. 성전예배만큼 성문예배도 중요한 것입니다.

기도

전능하신 하나님 아버지, 오늘도 우리 가족이 모여 하나님을 예배하게 하셔서 감사합니다. 코로나19로 인해서 우리가 예배당에 모여서 드리는 예배는 많은 제약을 받고 있지만, 그러나 성도들 가정마다 가족이 모두 모여 하나님을 예배하는 가정 예배가 살아나게 하셔서 감사합니다. 사랑이 많으신 하나님 아버지, 우리 가족이 모여 하나님을 예배할 때마다 하나님의 은혜가 있게 하시고, 우리 가족 모두 하나님의 뜻을 알아 주님께서 가셨던 길을 따라가게 하여 주옵소서. 우리의 예배가 열매 없는 무화과나무처럼 되지 않게 하시고, 우리의 예배가 하나님의 이름을 욕되게 하는 형식만 남은 성전예배에 그치지 않게 하시고, 우리의 예배가 성문에서 하나님의 정의를 이루는 살아있고 열매 있는 예배가 되게 하여 주옵소서.

자비하신 하나님 아버지, 우리 주일학교와 학생부 아이들을 기억해 주옵소서. 저들이 장기간 교회에 오지 못하는 중에도 그들의 마음에 있는 성령의 불꽃이 꺼지지 않게 하시고, 하나님께서 다시 저들의 이름을 부르실 때 하나님 앞으로 달려 나와 함께 예배할 수 있게 하여 주옵소서.

코로나19가 장기화되면서 임대료조차 내기 힘든 교회들이 많습니다. 먹고, 마시고, 입을 것은 아버지께서 자녀들에게 주시는 것이오니 어려움에 처한 교회마다 하나님의 은총이 있게 하여 주옵소서. 주변에서 돕는 손길들이 일어나게 하시고, 우리가 해야 할 일이 있을 때 우리가 그 일을 외면하지 않게 하여 주옵소서. 우리의 움킨 손을 펴서 더불어 함께 살게 하여 주옵소서. 우리가 가는 이 길 끝에서 우리 주님을 뵈옵게 하여 주옵소서.

사랑이 많으신 예수 그리스도의 이름으로 기도드리옵나이다. 아멘.

적용 질문

예수님께서 오늘 우리 교회에 오신다면 어떤 일에 분노하시며, 무엇을 쫓아내실까요? 그리고 그렇게 생각하는 이유는 무엇입니까? 또, 그렇게 생각함에도 불구하고 그런 모습이 교회에 계속 남아있는 이유는 무엇일까요?

스물여섯 번째 날

하나님을 믿으십시오

마가복음 11:20-33

할렐루야, 오늘은 사순절 스물여섯 번째 날입니다. 오늘도 주님과 더불어, 교회와 더불어, 이웃과 더불어 함께하는 행복한 하루가 되시기 바랍니다.

오늘은 마가복음 11:20-33절까지 말씀을 읽었습니다.

예수님께서 저주하신 무화과나무가 뿌리째 마른 것을 보고 의아해하는 제자들에게 예수님께서는 '하나님을 믿으라'고 하십니다. 그런데 하나님을 믿는다는 것이 무엇일까요? 아는 것과 믿는 것은 다릅니다. 하나님을 대적하는 사탄도 하나님을 잘 알았습니다. 귀신들도 예수님을 향해 '나는 당신이 누군지 안다'고 했습니다. 그렇다고 사탄과 귀신의 무리들이 하나님을 믿는 것은 아닙니다. 그들은 그냥 하나님에 대해 아는 것입니다. 그런데 우리는 아는 것을 믿음이라고 생각할 때가 많습니다. 그러나 아는 것이 곧 믿는 것은 아닙니다. 믿는 것은 아는 것보다 훨씬 더 구체적이고 실천적입니다.

오늘 성경을 보아도 그렇습니다.

첫째, 하나님을 믿는다는 것은 하나님을 신뢰한다는 것입니다. 하나님을 신뢰한다는 것은 어떤 경우에도 하나님의 선하심을 의심하지 않는다는 것입니다. 오늘 23절에 '말하는 것이 이루어질 줄 믿고 마음에 의심하지 아니하면 그대로 되리라'고 했습니다. 삶의 형편에 따라 하나님에 대한 신뢰가 변하는 것은 믿음이 아닙니다. 우리 삶이 고되고 힘들다고 하나님의 인도하심을 의심하는 것도 믿음이 아닙니다. 우리의 형편이 어떠하든 하나님은 여전히 선하시고, 우리의 좋은 목자이심을 신뢰하는 것이 믿음입니다. 이런 믿음이 산을 바다에 던지기까지 하는 것입니다.

둘째, 하나님을 믿는다는 것은 기도하는 것입니다. 24절에 '무엇이든지 기도하고 구하는 것은 받은 줄로 믿으라'고 했습니다. 기도의 수준이 곧 믿음의 수준입니다. 우리는 하나님을 믿는 만큼 기도합니다. 그러므로 기도하지 않는 믿음은 있을 수 없습니다. 우리는 기도로 하나님께 나가고, 기도로 하나님 권능을 힘입습니다.

셋째, 용서하는 것이 믿음입니다. 25절에 '아무에게나 혐의가 있거든 용서하라'고 했습니다. 그래야 '하늘에 계신 아버지께서 우리의 허물을 사하여 주신다'고 했습니다. 우리의 큰 죄를 용서해주신 하나님을 신뢰한다면, 우리에게 작은 허물이 있는 사람을 용서하지 않을 수 없습니다. 그러므로 용서하는 것이 믿음입니다. 우리가 누군가를 용서하지 못한다면 아직도 우리에게 믿음이 없는 것입니다.

예수님과 제자들이 다시 예루살렘에 들어가셨습니다. 그러자 대제사장들과 서기관들과 장로들이 나와서 예수님이 무슨 권위로 이런 일을 하는지 따졌습니다. 전날 성전에서 장사치들의 상을 엎으시며 그들을 내쫓으신 것을 문제삼은 것입니다. 성전을 관리하는 것은 자기들의 일인데 예수님이 성전에서 사람들을 쫓으셨으니 그것이 자신들의 권위에 대한 도전이라고 보았던 것입니다. 이들은 예수님이 누구신지는 아무 관심도 없습니다. 이들의 관심은 오직 자신들의 기득권을 지키는 것입니다. 예수님께서 요한의 세례가 하늘로부터인지 사람으로부터인지 물었을 때 이들은 아무 대답도 하지 않았습니다. 만일 요한의 세례가 하늘로부터라 하면 그런데 왜 요한을 믿지 않았느냐 할 것이고, 만일 요한의 세례가 사람으로부터라 하면 세례 요한을 선지자로 여기는 사람들의 반발을 살 것이었기 때문입니다. 이들은 그 두 가지 상황이 모두 싫었습니다. 그래서 차라리 아무 대답도 하지 않았습니다. 제사장이고 서기관이고 장로들이었지만 진리에는 관심이 없고, 예수님에게도 관심이 없었습니다. 그들은 오직 자기들의 자리를 보전하면서 잘 먹고 잘사는 것에만 관심이 있었습니다. 이들은 자기들의 기득권만 지키려 했고 그러다 결국 예수님을 죽이게 된 것입니다.

오늘 우리의 관심은 무엇일까요? 우리의 관심은 예수 그리스도에게 있습니까? 아니면 내가 가진 것을 지키는 데 있습니까?

기도

사랑이 많으신 하나님 아버지, 오늘 우리가 하나님을 믿게 하여 주옵소서. 우리가 하나님을 아는 것에 그치지 말게 하시고, 하나님을 아는 만큼 하나님을 잘 믿게 하여 주옵소서. 어떤 경우에도 하나님을 신뢰하며 하나님을 의심하지 말게 하시고, 모든 일에 기도하게 하시며, 우리에게 허물이 있는 사람을 용서하게 하여 주옵소서. 그렇게 우리의 믿음을 증명하게 하시고, 우리가 구체적으로 믿음의 삶을 살게 하여 주옵소서.

자비로우신 하나님 아버지, 우리가 항상 정의의 편에 서게 해 주시고, 주님 안에서 옳은 것은 옳다, 아닌 것은 아니다 할 수 있게 하여 주옵소서. 이리저리 눈치 보느라 진리를 외면하지 않게 하시고, 우리에게 진리를 묻는 자들에게 항상 대답할 말이 있게 하여 주옵소서.

이번 코로나19로 우리나라에서만 139명이 죽었습니다. 갑작스럽게 사랑하는 가족들의 죽음을 접해야 했던 유족들을 기억하시고 위로하여 주옵소서. 저들이 주변 사람들로부터 눈총을 받으며 제2, 제3의 피해를 보지 않게 하시고, 주변 사람들로부터 따뜻한 위로를 받게 하여 주옵소서. 남은 자들의 삶의 몫을 잘 살아가게 하여 주옵소서.

내일은 주일 예배가 있는 날입니다. 우리가 모두 예배당에 모여 예배하지 못하더라도, 우리가 각자 있는 곳에서 드리는 예배의 시간이 은혜의 시간이 되게 하여 주옵소서. 시간과 공간을 넘어 일하시는 하나님의 은총이 예배하는 모든 곳에 있게 하여 주옵소서. 그러나 하나님 아버지, 간절히 기도하고 원하오니, 코로나19가 속히 지나가게 하시고, 더 이상 확진 환자가 나오지 않게 하셔서, 우리가 다시 예배당에 모여 예배할 수 있게 하여 주옵소서. 성도들이 서로의 손을 잡아 온기를 느끼게 하여 주시고, 함께 음식을 나누게 하시며, 성도간의 친밀한 교제와 사랑을 다시 누리게 하여 주옵소서. 특히 4월 12일은 부활주일입니다. 부활주일 예배는 우리가 예배당에 모여서 드릴 수 있도록 주께서 은혜를 베풀어 주옵소서.

사랑이 많으신 예수 그리스도의 이름으로 기도드리옵나이다. 아멘.

적용 질문

하나님을 아는 것과 믿는 것은 어떻게 다릅니까? 나는 하나님을 아는 것일까요? 믿는 것일까요? 왜 그렇게 생각합니까?

스물일곱 번째 날(주일)

악한 농부들(박금진 강도사)

마가복음 12:1-17

1. 예수께서 비유로 그들에게 말씀하시되 한 사람이 포도원을 만들어 산울타리로 두르고 즙 짜는 틀을 만들고 망대를 지어서 농부들에게 세로 주고 타국에 갔더니
2. 때가 이르매 농부들에게 포도원 소출 얼마를 받으려고 한 종을 보내니
3. 그들이 종을 잡아 심히 때리고 거저 보내었거늘
4. 다시 다른 종을 보내니 그의 머리에 상처를 내고 능욕하였거늘
5. 또 다른 종을 보내니 그들이 그를 죽이고 또 그 외 많은 종들도 더러는 때리고 더러는 죽인지라
6. 이제 한 사람이 남았으니 곧 그가 사랑하는 아들이라 최후로 이를 보내며 이르되 내 아들은 존대하리라 하였더니
7. 그 농부들이 서로 말하되 이는 상속자니 자 죽이자 그러면 그 유산이 우리 것이 되리라 하고
8. 이에 잡아 죽여 포도원 밖에 내던졌느니라

9. 포도원 주인이 어떻게 하겠느냐 와서 그 농부들을 진멸하고 포도원을 다른 사람들에게 주리라
10. 너희가 성경에 건축자들이 버린 돌이 모퉁이의 머릿돌이 되었나니
11. 이것은 주로 말미암아 된 것이요 우리 눈에 놀랍도다 함을 읽어 보지도 못하였느냐 하시니라
12. 그들이 예수의 이 비유가 자기들을 가리켜 말씀하심인 줄 알고 잡고자 하되 무리를 두려워하여 예수를 두고 가니라
13. 그들이 예수의 말씀을 책잡으려 하여 바리새인과 헤롯당 중에서 사람을 보내매
14. 와서 이르되 선생님이여 우리가 아노니 당신은 참되시고 아무도 꺼리는 일이 없으시니 이는 사람을 외모로 보지 않고 오직 진리로써 하나님의 도를 가르치심이니이다 가이사에게 세금을 바치는 것이 옳으니이까 옳지 아니하니이까
15. 우리가 바치리이까 말리이까 한대 예수께서 그 외식함을 아시고 이르시되 어찌하여 나를 시험하느냐 데나리온 하나를 가져다가 내게 보이라 하시니
16. 가져왔거늘 예수께서 이르시되 이 형상과 이 글이 누구의 것이냐 이르되 가이사의 것이니이다
17. 이에 예수께서 이르시되 가이사의 것은 가이사에게, 하나님의 것은 하나님께 바치라 하시니 그들이 예수께 대하여 매우 놀랍게 여기더라

스물여덟 번째 날

사랑이 기준입니다

마가복음 12:18-34

샬롬, 오늘은 사순절 스물여덟 번째 날입니다. 오늘도 주님과 더불어, 교회와 더불어, 이웃과 더불어 함께하는 행복한 하루되시기 바랍니다.

오늘은 마가복음 12:18-34절까지 말씀을 읽었습니다.

예수님께서 사두개인들과 부활 논쟁을 벌이십니다. 사두개인들은 부활을 믿지 않았습니다. 사두개인들은 모세오경만을 성경으로 인정했는데 모세오경에는 부활에 대한 직접적인 언급이 없었기 때문입니다. 사두개인들은 자기들이 보는 것, 아는 것, 경험하고 상상할 수 있는 것만 믿었습니다. 그래서 사두개인들은 만일 죽은 사람이 부활한다면 그들도 결혼하고 자식을 낳을 것이라고 생각했습니다. 그것이 그들이 경험한 전부고, 그들이 상상할 수 있는 모든 것이었기 때문입니다.

한 여자와 결혼한 일곱 형제가 있었습니다. 형사취수라는 당시의 제도가 그것을 가능하게 했습니다. 그런데 일곱 형제와 한 여자가 다 죽었습니다. 그렇다면 그들이 모두 부활할 때 여자는 누구의 아내가 되겠습니까? 이런 이유로 사두개인들은 부활은 없다고 생각했습니다. 그런 사두개인들을 향해 예수님께서는 '너희가 성경도 하나님의 능력도 알지 못하므로 오해했다'고 하셨습니다. 사두개인들은 죽은 자를 살리시는 하나님의 능력보다, 죽은 자는 살아날 수 없다는 자기들의 신념과 지식을 더욱 믿었습니다. 그러나 하나님은 우리의 경험과 지식보다 훨씬 크신 분입니다. 우리가 아는 것으로는 하나님을 다 상상할 수 없습니다. 하나님은 우리의 그릇에 담을 수 있는 분이 아니기 때문입니다.

때로는 우리가 잘 안다는 것 때문에 하나님을 오해합니다. 우리가 알고 있는 교리적인 지식과 성경에 대한 얄팍한 이해로 하나님을 제한합니다. 우리가 하나님을 믿으면서 체험한 은혜로운 일들로도 하나님을 제한합니다. 기도해서 병이 나은 사람은 하나님을 병 고치시는 분으로만 생각합니다. 그러나 하나님은 사람에게 병을 주기도 하십니다. 하나님은 죽은 사람을 살리기도 하시지만 산 사람을 죽이기도 하십니다. 우리의 얕은 지식과 경험으로 어떻게 하나님을 단정할 수 있겠습니까? 그러므로 자기가 아는 것만 고집하고 주장하는 사람은 어리석은 사람입니다.

서기관 중 한 사람이 모든 계명 중에 첫째가 무엇인지 물었습니다. 이에 대해 예수님께서는 마음을 다하고 목숨을 다하고 뜻을 다하고 힘을 다해서 하나님을 사랑하는 것이 첫째고, 네 이웃을 네 자신과 같이 사랑하는 것이 둘째라고 하셨습니다. 여기서 첫째와 둘째는 우선순위를 말하는 것이 아닙니다. 마태복음에서는 첫째와 둘째가 같다고 했기 때문입니다. 율법의 기본 정신은 사랑입니다. 율법은 다른 사람을 정죄하기 위해 있는 것이 아닙니다. 모든 율법은 사랑으로 행할 때 의미가 있습니다.

요즘 교회 예배에 대해 말이 많습니다. 정부 방침대로 교회 예배를 중단해야 한다는 사람도 있고, 정부의 방침은 종교탄압이니 교회 예배를 계속해야 한다는 사람도 있습니다. 우리는 어떻게 해야 할까요? 선택의 기준은 사랑입니다. 어떻게 하는 것이 하나님을 사랑하고 이웃을 사랑하는 것인지가 선택의 기준입니다.

그러면 하나님을 사랑하는 것은 어떻게 하는 것일까요? 우리가 죽기를 각오하고 모두 모여 예배드리면 그것이 하나님을 사랑하는 것일까요? 오늘 읽은 33절에 이런 말씀이 있습니다. "또 마음을 다하고 지혜를 다하고 힘을 다하여 하나님을 사랑하는 것과 또 이웃을 자기 자신과 같이 사랑하는 것이 전체로 드리는 모든 번제물과 기타 제물보다 나으니이다". 하나님께 드리는 번제물과 기타 제물 자체가 하나님을 사랑하는 것은 아니라는 것입니다. 그렇다면 우리가 모두 모여 하나님을 예배하고 헌금하는 것만이 하나님을 사랑하는 것은 아닙니다. 그러면 어떻게 하는 것이 하나님을 사랑하는 것일까요? 하나님을 사랑하는 것과 이웃을 사랑하는 것이 같다고 했으니까 하나님을 사랑하는 것은 곧 이웃을 사랑하는 것입니다. 우리가 하나님을 사랑하는 것은 이웃을 사랑하는 것으로 표현되어야 한다는 말입니다.

그러면 우리는 이웃을 어떻게 사랑해야 하나요? 오늘 말씀에서는 '네 이웃을 네 자신과 같이 사랑하라'고 했습니다. 이 부분을 공동번역이나 표준 새번역에서는 '네 이웃을 네 몸과 같이 사랑하여라'고 했습니다. 그러니까 이웃을 자기 자신처럼 사랑한다는 것은 이웃을 자기 몸처럼 사랑한다는 것입니다. 우리는 자기 몸을 어떻게 사랑하나요? 우리는 배가 고프면 밥을 먹습니다. 몸이 아프면 병원에 가거나 약을 먹습니다. 추우면 옷을 따뜻하게 입고, 지치고 힘들면 쉼을 갖습니다. 그리고 누구에게든 인격적으로 존중받고 싶어합니다. 우리가 우리 몸을 그렇게 대하듯이 다른 사람들에게도 그렇게 하라는 것입니다. 추위에 떠는 사람에게 더웁게 하라는 말은 별 의미가 없습니다. 그가 추위를 피할 수 있게 해 주어야 합니다. 배고픈 사람에게 배부르게 하라는 말도 의미가 없습니다. 배고픈 사람에게는 빵을 주어 먹게 해야 합니다. 그것이 우리 몸을 사랑하듯 이웃을 사랑하는 것입니다.

사랑하는 성도 여러분! 코로나19가 많은 것을 바꾸었습니다. 특히 우리의 예배 형태를 바꿨습니다. 교회 예배를 포기할 수 없으니 교회에 모여야 한다는 사람도 있고, 교회에 모이면 안 된다는 사람도 있습니다. 그것을 결정하는 기준은 사랑입니다. 내가 바이러스에 감염되는 것이 걱정스러우면 다른 사람의 감염도 걱정해야 합니다. 그것이 자기 자신처럼 이웃을 사랑하는 것이고, 그 사랑이 곧 하나님을 사랑하는 것입니다. 오늘 하루 우리에게 이런 사랑이 충만하기를 바랍니다.

기도

사랑이 많으신 하나님 아버지, 우리의 짧은 지식과 경험으로 하나님을 판단하지 않게 하여 주옵소서. 하나님의 무한하심 앞에 우리의 연약함을 고백하며, 하나님의 도우심을 구하며 오늘 하루도 살게 하여 주옵소서. 우리가 하는 모든 일들이 사랑으로 하는 일이 되게 하여 주옵소서. 하나님을 사랑하듯 이웃을 사랑하게 하시고, 이웃을 사랑하되 내 몸처럼 사랑하게 하여 주옵소서. 사람에게 주어야 할 것을 하나님께 드렸다고 변명하며 사람에게 소홀히 하지 않게 하여 주옵소서. 오늘도 이 땅의 연약한 자들에게 주의 은총을 부어 주옵소서.

예수 그리스도의 이름으로 기도드리옵나이다. 아멘.

적용 질문

이웃을 내 몸처럼 사랑하라는 것은 구체적으로 어떻게 사랑하라는 것입니까? 오늘 우리가 내 몸처럼 사랑해야 할 사람은 누가 있습니까? 그 사람을 어떻게 사랑하겠습니까?

스물아홉 번째 날

아는 것이 전부가 아닙니다

마가복음 12:35-44

샬롬, 오늘은 사순절 스물아홉 번째 날입니다. 오늘도 주님과 더불어, 교회와 더불어, 이웃과 더불어 함께하는 행복한 하루가 되시기 바랍니다.

오늘은 마가복음 12:35-44절까지 말씀을 읽었습니다.

잘 안다고 생각하지만 사실은 하나도 모르는 경우가 많습니다. 서기관들이 그랬습니다. 그들은 성경에 정통한 사람들이었습니다. 그들은 스스로도 성경을 잘 안다고 생각했습니다. 그러나 사실은 성경에 무지했고, 그들의 삶은 엉망이었습니다. 서기관들의 말대로 그리스도는 다윗의 자손으로 오실 것입니다. 그러나 그리스도는 다윗의 자손 그 이상이십니다. 다윗도 오실 그리스도를 향해 '나의 주님'이라고 고백했습니다. 그리스도를 어찌 다윗의 범주에 가둘 수 있겠습니까? 그리스도에 대해, 복음에 대해 편협하고 제한된 생각에 갇힌 사람들이 나중에는 그리스도를 배척하고 죽이기까지

하는 것입니다. 그들에게는 그리스도를 바로 아는 것보다 자기들의 생각과 신념을 지키는 것이 더 중요하기 때문입니다.

서기관들은 성경을 많이 알았고 가르치기도 했지만 성경대로 살지는 못했습니다. 그들은 외식하는 자들이었습니다. 그들은 종교의식 때나 입는 예복을 일상생활에서도 입었습니다. 그것으로 자신들의 권위가 세워진다고 생각했기 때문입니다. 그들은 시장에서 인사를 받는 것을 좋아했고, 사람들이 많이 모이는 곳에서는 상석에 앉는 것을 좋아했습니다. 만일 자신들을 알아보지 못하고 인사를 하지 않거나 자기들에게 상석을 내어주지 않은 사람에게는 화를 내며 저주를 했을지도 모릅니다. 그들은 연약한 과부들의 재산을 탈취했고, 사람들에게 보이려고 길게 기도했습니다. 그들은 성경을 가장 가까이했지만, 성경과는 가장 거리가 먼 삶을 살았습니다. 그런 그들의 삶으로는 고난과 수치와 모욕과 죽음을 감당하기 위해 오신 그리스도를 이해할 수 없었을 것입니다.

하나님의 말씀을 안다는 것과 그 말씀대로 산다는 것은 다른 문제입니다. 교회에 오래 나온 사람은 성경을 더 많이 알 수 있습니다. 머리가 좋고 공부를 많이 한 사람도 성경을 많이 알 수 있습니다. 신학을 전공하고, 평생 성경을 연구하는 사람들은 물론 성경을 더 많이 알 것입니다. 그러나 성경을 아무리 많이 알아도 성경대로 살지 않는다면 그 사람은 외식하는 서기관들이나 바리새인들과 다르지 않습니다. 성경을 많이 아는 것은 중요합니다. 그러나 더 중요한 것은 성경의 삶을 사는 것입니다. 예수님께서 먼저 가신 길을 따라가면서 예수님처럼 사는 것입니다. 그래서 그 길 끝에서 마침

내 주님을 만나는 것입니다. 오늘 우리에게 하나님의 말씀은 어떤 의미일까요? 듣고 이해하며 깨닫기 위한 말씀인가요? 아니면 넘어지고 힘들어도 그렇게 살아야 하는 말씀인가요?

하나님께 헌금하는 두 부류의 사람이 있었습니다. 표면적으로는 부자들의 헌금과 가난한 과부의 헌금입니다. 당연히 부자들은 많은 헌금을 했습니다. 그들은 다 풍족한 중에서 넣었습니다. 다른 번역본에서는 부자들은 '넉넉한 데서 얼마씩을 떼어 넣었다'고 했습니다. 그러니까 부자들은 쓰고 남는 것 중에 일부를 헌금으로 드린 것입니다. 당연히 부자들은 자신들이 드린 헌금으로 인해 일상에 아무런 문제나 불편함도 겪지 않았습니다. 그러나 가난한 과부는 사정이 달랐습니다. 가난한 과부는 당연히 헌금을 많이 할 수 없었습니다. 그는 고작 두 렙돈 곧 한 고드란트를 헌금했을 뿐입니다. 한 고드란트는 당시 노동자들의 하루 품삯인 한 데나리온의 1/64에 해당하는 금액입니다. 오늘날 하루 일당을 10만 원이라고 한다면 1,500원가량 하는 돈입니다. 그러니 한 끼 밥값도 되지 않습니다. 그런데 그 한 고드란트가 가난한 과부에게는 그가 가진 모든 것이었습니다. 그것이 그의 생활비 전부였습니다. 그러니 가난한 과부는 그가 드린 헌금으로 인해 일상생활에 엄청난 불편함을 겪었을 것입니다. 어쩌면 하나님께 헌금하고 하루 종일 굶었을지도 모릅니다. 예수님께서는 가난한 과부가 부자들보다 더 많은 헌금을 한 것이라고 했습니다.

헌금은 돈으로만 드리는 것이 아닙니다. 헌금은 믿음을 드리는 것입니다. 우리는 돈이 없으면 살 수 없습니다. 그러나 돈이 우리를 살게 하는 것도 아닙니다. 우리가 사는 데 돈은 무엇보다도 중요하지만, 그러나 우리를 살게 하시는 분은 하나님이십니다. 하나님은 우리에게 일용할 양식을 주시고, 때를 따라 만나를 내려서라도 우리를 먹이시고, 입히시고, 마시게 하시는 분이십니다. 그 믿음으로 헌금을 하는 것입니다. 때로는 우리의 일부를 드리기도 하고, 또 때로는 우리의 전부를 드리기도 하는 것입니다. 헌금을 많이 내고 적게 내고가 아니라, 우리의 믿음을 헌금으로 증명하는 것입니다.

오늘 우리의 헌금과 물질 사용을 보시면서 주님께서는 뭐라고 하실까요?

기도

사랑이 많으신 하나님 아버지, 우리가 성경을 아는 만큼 하나님을 믿을 수 있게 하시고, 우리가 하나님을 믿는 믿음의 분량만큼 그에 합당한 삶을 살게 하여 주옵소서. 우리의 짧은 지식과 경험으로 하나님을 판단하려 하지 말게 하시고, 나와 다르다는 이유로 다른 사람들을 쉽게 정죄하지도 말게 하여 주옵소서. 우리에게 일용할 양식을 주시고, 우리에게 필요한 물질을 채워 주옵소서. 우리가 이 땅에서 너무 궁핍하지 않도록 때를 따라 우리의 필요를 공급해 주옵소서. 그러나 하나님 아버지, 우리가 물질에 매여 물질을 섬기는 삶을 살지 않게 하여 주옵소서. 하나님은 그 사랑하는 자들에게 먹을 것과 입을 것과 마실 것을 주신다고 하셨으니, 우리의 삶을 하나님께 맡기고, 우리는 담대히 믿음의 삶을 살게 하여 주옵소서. 돈 때문에 죄짓지 말게 하시고, 돈 때문에 시험에 들게 하지 마시고, 돈 때문에 하나님을 멀리하지 않게 하여 주옵소서. 돈이 우리 삶의 주인이 아니라 하나님이 우리 삶의 주인이심을 우리가 증명하며 살게 하여 주옵소서.

자비하신 하나님, 코로나19가 시작된 이후 경제적으로 심한 타격을 받고 어려움에 처한 사람들이 많습니다. 학생들은 입학식도 못하고, 개학식도 못 한 채 3개월을 보내고 있습니다. 교사들은 아이들을 어떻게 맞고, 어떻게 수업을 진행할지 막연하고 답답한 시간들을 보내고 있습니다. 위기를 관리하는 정부와 방역 당국은 매일매일 힘든 사투를 벌이고 있습니다. 선교지를 잠시 떠났던 선교사님들은 선교지에 다시 들어가지 못하고 있고, 선교지는 방치된 채 어려움에 처해 있습니다. 사랑의 하나님 아버지, 지금은 한 순간도 하나님을 의지하지 않고서는 살 수 없는 시대입니다. 우리가 코로나19로 인해 시험에 들지 않게 하시고, 오히려 우리의 연약함을 고백하며 하나님을 더욱 굳건히 붙잡게 하여 주옵소서. 우리가 살아도 주와 함께하게 하시고 죽어도 주와 함께하게 하여 주옵소서. 우리의 믿음이 세상에 불안을 가져다주지 않게 하시고, 우리의 믿음이 세상에도 위로와 소망이 되게 하여 주옵소서.

오늘 하루의 삶도 주께서 온전히 함께 하시기를 바라며 예수 그리스도의 이름으로 기도드리옵나이다. 아멘.

적용 질문

성경을 많이 알면서도 성경 말씀대로 살지 못하는 이유는 무엇입니까? 이론으로만 수영하는 법을 아는 사람이 물에 빠지면 어떻게 될까요?

서른 번째 날

무엇을 자랑하십니까?

마가복음 13:1-13

샬롬, 오늘은 사순절 서른 번째 날입니다. 오늘도 주님과 더불어, 교회와 더불어, 이웃과 더불어 함께하는 행복한 하루가 되시기 바랍니다.

오늘은 마가복음 13:1-13절까지 말씀을 읽었습니다.

제자들은 예루살렘 성전의 외형을 보며 거기에 감동했습니다. 그러나 예수님께서는 그 성전 안에서 행해지는 온갖 부조리한 일들을 보셨습니다. 그리고 그 웅장한 성전 건물은 돌 하나도 돌 위에 남지 않고 다 무너뜨려질 것이라고 하셨습니다. 실제로 예루살렘 성전은 AD 70년에 로마군에 의해 완전히 파괴되었습니다.

예수님 당시의 성전은 헤롯에 의해 지어진 성전입니다. 그래서 그 성전을 헤롯 성전이라고도 부릅니다. 헤롯이 지은 이 성전은 규모 면에서는 역대 최고였다고 합니다. 거기에 화려하기까지 했습니다. 그래서 유대의 랍비들은 '성전의 건축양식을 보지 못한 사람은 화려한 건축물을 보지 못한 셈이다'라고 하기도 했습니다. 당시 성전이 얼마나 대단했고, 그것이 유대인들에게 어떤 자부심을 가져다 주었는지 짐작할 만합니다.

당시 사람들은 그 성전을 자랑했습니다. 특히 갈릴리 시골 마을에서 올라온 예수님의 제자들은 그 성전의 규모에 압도되었습니다. 그래서 성전을 지은 이 돌들이 어떠하며, 이 큰 건물들이 어떠한지 좀 보시라고 예수님을 재촉했습니다. 어쩌면 제자들의 마음에는 예수님께서 로마 제국을 무너뜨리고 이스라엘의 왕이 되실 때 그 대단한 성전이 자기들의 차지가 될 수도 있다는 기대가 있었는지도 모릅니다. 그러나 그 성전은 곧 무너질 것입니다. 그 성전은 만민이 기도하는 집이 아니라 장사꾼과 강도들의 소굴이 된 지 오래였기 때문입니다. 그 성전에는 자기 이익을 탐하는 종교꾼들만 가득했을 뿐 하나님은 계시지 않았습니다. 성전의 주인이신 예수님도 성전에 자신을 의탁하지 않으셨습니다. 예수님께서는 성전에서 하룻밤도 머물지 않으셨습니다. 성전에는 이미 아무런 희망도 없었기 때문입니다.

오늘날도 사람들이 자랑하는 교회들이 많습니다. 어떤 교회는 건물이 자랑스럽고, 어떤 교회는 그곳에 가득한 사람들이 자랑스럽습니다. 그러나 그것들은 교회의 자랑이 될 수 없습니다. 우리는 최근 대단한 교회 건물과 그곳에 가득한 사람들이 얼마나 허무하게 무너지고 흩어질 수 있는지를 보고 있습니다. 마치 거대한 예루살렘 성전이 돌 하나도 돌 위에 남지 않고 무너지는 것 같습니다. 하나님이 외면하시는 교회는 아무것도 아닙니다. 예수님께서 잠시도 머물지 않는 교회는 그 규모가 어떠하든 곧 무너질 것입니다. 교회는 건물로 세워지는 것이 아닙니다. 교회는 사람들의 숫자와 수준으로 세워지는 것도 아닙니다. 교회는 예수 그리스도의 피로 세워지는 것입니다. 그러므로 교회의 자랑은 오직 예수 그리스도밖에 없습니다. 예수 그리스도께서 외면하는 교회는 아무 희망도 없습니다. 그런 의미에서 오늘 우리 교회는 자랑할 만한 교회일까요? 아니면 부끄러운 교회일까요?

예수님께서 가시는 길은 왕이 되어 천하를 호령하는 길이 아니었습니다. 예수님께서 가시는 길은 고난받고 멸시받고 조롱당하시다 십자가에 못 박혀 죽으시는 길이었습니다. 그런데 그 길은 예수님만 가실 길이 아닙니다. 그 길은 예수님을 따르는 우리도 가야 할 길입니다.

예수님께서는 자신을 따르는 사람들에게 영광과 승리를 약속하지 않으셨습니다. 오히려 자기 십자가를 지고 나를 따르라고 하셨습니다. 예수님을 따르기 위해 우리가 져야 할 십자가가 무엇일까요? 오늘 본문에서는 우리가 져야 할 십자가가 어떤 것인지 구체적으로 말씀하십니다. 사람들은 우리를 공회 즉 법정에 넘겨줄 것입니다. 우리는 회당에서 매질을 당할 것이고, 권력자들과 임금들 앞에 끌려갈 것입니다. 부모형제와 갈등할 것이고, 모든 사람에게 미움을 받을 것입니다. 이것이 우리가 예수님을 따르면서 져야 할 십자가입니다. 예수님께서 고난과 조롱의 길을 가셨으니 예수님을 뒤따르는 우리도 고난과 조롱을 당하게 될 것입니다. 사람들이 예수님을 미워하고 핍박했으니 예수님과 같은 길을 가는 우리도 미워하고 핍박할 것입니다. 사람들이 예수님을 죽였으니 우리도 죽일 것입니다.

사랑하는 성도 여러분! 신앙의 삶이란 무엇일까요? 신앙의 삶이란 매 순간 예수님과 같은 길 가기를 선택하는 것입니다. 편하고 좋은 길이 아닙니다. 예수님이 가신 길입니다. 그러면 불신앙의 삶은 무엇일까요? 매 순간 예수님과 다른 길을 가는 것이 불신앙입니다. 예수님을 따르는 길에는 고난이 있습니다. 그러나 그 길에 구원이 있습니다. 그러니 우리가 가야 할 길인 것입니다. 그러므로 교회에 오는 것이 어렵고 힘들다고 이상히 여기지 마십시오. 예수 믿기 참 힘들다고 낙심하지도 마십시오. 우리는 지금 당연히 어렵고 힘든 길을 가고 있는 것입니다. 오히려 우리가 예수 믿고 교회에 출석하면서도 아무런 어려움이 없다면 그것이 이상한 것입니다.

고난을 물리쳐 달라고 기도하지 마십시오. 오늘 본문 마지막 절은 끝까지 견디는 자가 구원을 받으리라고 했습니다. 고난은 견디는 것입니다. 끝까지 참는 것입니다. 그러므로 오늘 우리가 져야 할 고난의 짐이 있다면 그것을 피하게 해 달라고 하기 전에 견딜 수 있는 힘을 달라고 기도하십시오. 그리고 참고 인내하십시오. 그 길 끝에 예수님이 계십니다.

 **기도**

사랑이 많으신 하나님 아버지, 오늘도 우리에게 새 날을 주셔서

감사합니다. 오늘 하루도 주님과 동행하면서, 주님 가신 길 잘 따라가며 살게 하여 주옵소서. 오늘 우리에게 주를 따르는 고난이 있더라도 그 고난을 잘 참고 견디게 하여 주옵시고, 우리가 주님을 뵈올 때까지 좁은 길, 믿음의 길 가기를 포기하지 않게 하여 주옵소서.

전능하신 하나님 아버지, 이 땅의 모든 교회를 기억하여 주옵소서. 주님께서 이 땅에 교회를 세우시고, 교회를 통해 세상을 구원해 오신 것을 감사합니다. 그동안 교회가 부패하고 타락했던 때도 있었지만, 그래도 주께서는 교회를 버리지 않으시고, 어려울 때마다 교회에 새 힘을 주시고, 새로운 지도자들을 세우시고, 새로운 부흥의 운동을 일으키셔서 마침내 교회가 세상의 빛이 되고 소금이 되게 하셨음을 감사합니다.

사랑의 하나님 아버지, 지금 세상은 교회의 역할을 절실히 필요로 하고 있습니다. 코로나19가 장기화되면서 많은 사람들이 힘들어하고 있습니다. 교회가 엉뚱한 곳에서 엉뚱한 일 하지 않게 하시고, 어렵고 힘든 사람들을 찾아가 그들의 동무가 되게 하여 주옵소서. 지금 무엇을 어떻게 해야 할지 몰라 방황하는 사람들에게 삶의 방향을 말해줄 수 있게 하여 주옵소서. 잠든 교회들은 깨어나게 하시고, 실수하고 넘어진 교회들은 다시 일어나게 하여 주옵소서. 교회마다 성령의 새 바람이 불게 하시고, 교회가 다시 세상의 빛과 소금 된 역할을 잘 감당하게 하여 주옵소서. 목회자들의 영성이 깨어나게 하시고, 성도들의 세계관이 바로 세워지게 하여 주옵소서. 오늘도 고통당하는 모든 이들 위에 주님의 위로와 평강을 더하여 주옵소서.

예수 그리스도의 이름으로 기도드리옵나이다. 아멘.

적용 질문

우리는 어떻게 예수님과 같은 길을 갈 수 있을까요? 멸시와 조롱에도 불구하고 예수님과 같은 길을 가는 것이 우리에게 어떤 의미가 있습니까? 지금 우리 교회가 하는 일들에 예수님께서 함께 하고 계실까요? 왜 그렇게 생각하십니까?

서른한 번째 날

그러므로 깨어있으라

마가복음 13:14-37

샬롬, 오늘은 사순절 서른한 번째 날입니다. 오늘도 주님과 더불어, 교회와 더불어, 이웃과 더불어 함께하는 행복한 하루가 되시기 바랍니다.

오늘은 마가복음 13:14-37절까지 말씀을 읽었습니다.

오늘 읽은 말씀은 세 부분으로 나누어볼 수 있습니다.

첫째, 14절~23절까지는 마가복음이 기록될 당시에는 이루어지지 않은 이야기지만, 2020년인 오늘의 입장에서는 이미 이루어진 이야기입니다. '멸망의 가증한 것이 서지 못할 곳에 서는 일'은 AD 70년에 로마 장군 티투스에 의해 예루살렘 성전이 파괴되고 더럽혀짐으로 이루어졌습니다. 로마 군인들은 예루살렘을 점령한 후 성전의 제사 제도를 없앴고, 성전의 가장 높은 곳에 황제의 우상을 세웠습니다. 그보다 조금 전인 AD 67년 가을에서 68년 봄까지는 열심당원들이 성전을 점령하고, 성전 안에서 살인을 저지르기도 했으며, 심지어 지성소 안으로 난입한 일들도 있었습니다. 이런 일들이 모두 '멸망의 가증한 것이 서지 못할 곳에 서는 일'들이었습니다. 이 당시의 상황은 너무 급하고 무서워서 사람들은 산으로 도망갔고, 자기의 소유를 챙기려고 뒤돌아볼 겨를도 없었으며, 아이 배거나 젖먹이들이 딸린 여자들은 마음대로 도망갈 수도 없어서 불행했습니다. 예수님께서는 이 모든 일들이 일어날 것을 제자들에게 미리 말씀하셨습니다. 그러므로 너희는 삼가라고도 하셨습니다. 삼가라는 말은 조심하라는 말입니다. 내가 이미 이 모든 일을 너희에게 말하였으니 그러므로 너희는 조심하라는 말씀입니다.

둘째, 24절~27절까지는 앞으로 이루어질 일에 대한 이야기입니다. '그때에 그 환난 후'에 인자가 구름을 타고 큰 권능과 영광으로 오실 것입니다. 그렇게 오셔서 하나님을 부인하는 자들은 심판하시고, 하나님 안에 있는 사람들은 모두 구원하실 것입니다. 그때 하나님의 심판을 받는 자들에게는 해가 있어도 어둡고, 달이 있어도 빛이 나지 않으며, 하늘의 별들이 떨어지는 공포와 절망이 있을 것입니다. 그러나 구원받을 자들은 하나님께서 천사들을 보내 땅끝부터 하늘 끝까지 사방에서 모으실 것입니다. 그래서 하나님께 속한 사람은 한 사람도 빠짐없이 구원하실 것입니다. 멸망의 가증한 것이 서지 못할 곳에 서는 일이 이루어진 것처럼, 인자가 구름을 타고 오셔서 심판받을 자를 심판하시고, 구원 얻을 자를 구원하시는 일도 반드시 이루어질 것입니다.

셋째, 28절~37절까지는 마지막 때를 준비하는 성도들의 자세에 대한 말씀입니다. 마지막 때가 언제인지 우리는 모릅니다. 그날은 오직 하나님만 아실 뿐 하늘에 있는 천사들도 모르고 아들도 모릅니다. 그러므로 마지막 때가 언제인지 우리가 궁금해 할 필요가 없습니다. 오히려 우리가 관심을 두어야 할 것은 마지막 때를 어떻게 준비하며 살 것인지에 대해서입니다. 멸망의 가증한 것이 서지 못할 곳에 선 사건 이후 지금까지 모든 순간이 마지막 때입니다. 그 일 이후 예수님은 언제든지 다시 오실 수 있습니다. 그러므로 우리는 깨어 근신하며 주님 오실 날을 기다리며 준비해야 합니다.

주님이 언제 오실지는 아무도 모릅니다. 그러나 그날은 분명히 올 것입니다. 천지는 없어질지언정 하나님의 말씀은 결코 없어지지 않을 것이기 때문입니다. 주님은 어느 날 홀연히 오셔서 우리를 구원하실 것입니다. 그리고 준비되지 않은 사람을 심판하실 것입니다. 여러분은 이 사실이 믿어지십니까? 그렇다면 그 믿음에 합당한 삶을 사십시오. 하나님의 구원과 심판을 믿는다면 이 땅에서의 삶이 전부인 것처럼 살지 마십시오. 땅의 것에 너무 집착하여 땅의 것 때문에 울고 웃으며 죄짓지 마십시오. 땅의 것은 언제든 무너질 것입니다. 여러분이 하나님의 구원과 심판을 믿는다면 이 땅에서 예수 믿는 고난을 마다하지 마십시오. 그 고난 끝에 예수님이 계십니다. 그러므로 예수 믿는 고난을 참고 인내하십시오. 힘들다고 중간에 포기하지 마십시오. 우리가 가는 이 길 끝에서 주님을 뵈올 때 주께서 우리의 위로가 되어 주실 것입니다.

기도

사랑이 많으신 하나님 아버지, 오늘 우리가 사는 세상은 영원하지 않음을 우리는 알고 있습니다. 어느 날 홀연히 주님께서 오셔서 믿는 자를 구원하시고 믿지 않는 자를 심판하실 것입니다. 지금은 사람들이 거기에 대해 왈가왈부 많은 말을 하지만, 그날이 임할 때에는 아무도, 아무 말도 하지 못할 것입니다. 준비된 사람은 영광 중에 주님을 맞이할 것이고, 그렇지 못한 사람은 울며 통곡하며 후회할 것입니다. 지금은 많은 사람들이 심판과 구원이란 말을 우습게 여기지만, 주님 다시 오실 그날에는 자기들의 말이 화살이 되어 자기들의 심장을 찌를 것입니다.

사랑이 많으신 하나님 아버지, 오늘도 주님 오실 그날을 고대하면서 우리가 믿음의 삶을 살게 하여 주옵소서. 주님을 기다린다고 해서 땅에서의 삶을 소홀히 여기며 살지 않게 하시고, 주님 오실 날을 기다린다면서도 땅의 것에 집착하여 욕심부리며 살지 않게 하여 주옵소서.

사랑이 많으신 예수 그리스도의 이름으로 기도드리옵나이다. 아멘.

적용 질문

우리는 주님 오실 날을 어떻게 준비하고 있습니까? 주님 오실 날을 준비한다고 하면서 땅의 것에 집착하고, 땅에서의 영광을 바라며 살고 있지는 않습니까?

서른두 번째 날

같은 길, 다른 길

마가복음 14:1–11

샬롬, 오늘은 사순절 서른두 번째 날입니다. 오늘도 주님과 더불어, 교회와 더불어, 이웃과 더불어 함께하는 행복한 하루가 되시기 바랍니다.

오늘은 마가복음 14:1-11절까지 말씀을 읽었습니다.

예수님은 그동안 수차례에 걸쳐 자신이 받을 고난과 죽음에 대해 말씀하셨습니다. 이제 그 고난과 죽음이 구체화됩니다. 대제사장과 서기관들은 예수님을 잡아 죽이기 위한 방도를 구했고, 예수님의 제자 중 한 사람인 가룟 유다는 대제사장들에게 가서 돈을 받고 예수님을 팔았습니다. 그 와중에 한 여자는 매우 값진 향유 옥합을 깨뜨려 예수님의 머리에 부음으로 예수님의 장례를 준비했습니다.

대제사장과 서기관들은 사이가 좋지 않았습니다. 그들은 많은 부분에서 대립했습니다. 그러나 그들은 예수님을 죽이는 일에는 하나가 되었습니다. 각자 지키고 싶은 것들이 있었기 때문입니다. 그들은 예수님이 자신들의 자리를 심각하게 위협한다고 생각했습니다. 그래서 그들은 이미 오래전부터 예수님을 죽일 기회를 엿보고 있었습니다.

그들은 하나님을 가장 가까이서 섬기는 사람들이었습니다. 그러나 그들은 하나님을 두려워하지 않았습니다. 그들은 성경을 가장 가까이서 연구하고 가르치는 사람들이었습니다. 그러나 진실에는 관심이 없었습니다. 서기관과 대제사장들은 하나님보다 로마 정부를 두려워했습니다. 그래서 예수님을 죽이는 일도 명절에는 하지 말자고 의견을 모았습니다. 이들이 말하는 명절은 유월절입니다. 유월절은 이스라엘이 애굽의 종살이에서 해방된 것과 관계가 있는 날입니다. 그래서 로마 정부는 유대인들이 지키는 유월절에 민감했습니다. 혹시라도 유월절을 지키며 독립을 요구할지도 모른다고 생각했기 때문입니다. 대제사장과 서기관들은 예수님을 죽이는 일로 인해서 로마 정부의 심기를 건드리고 싶지 않았습니다. 그래서 그들은 명절을 피해 예수님을 죽이기로 했습니다.

그들은 진실에도 관심이 없었습니다. 그들은 예수님을 죽이기 위해 흉계를 꾸몄습니다. 흉계란 속임수를 말합니다. 그들은 정당한 방법으로는 예수님을 죽일 수 없었습니다. 그래서 거짓과 속임수를 동원해서라도 예수님을 죽이려 했던 것입니다.

이들은 왜 이렇게 예수님을 죽이려 했던 것일까요? 이들은 예수님과 다른 길에 있었기 때문입니다. 이들은 스스로 낮아지고 자기를 부인하는 삶을 살지 않았습니다. 이들은 높은 자리를 탐했고, 사람들에게 대접받기를 좋아했습니다. 처음에는 그것이 사소한 것이었지만 나중에는 그것 때문에 예수님을 죽이기까지 하는 것입니다.

서기관과 대제사장들만 그런 것이 아닙니다. 지금까지 예수님과 다른 길에 서 있었던 사람들이 모두 그랬습니다. 가룟 유다는 돈을 받고 예수님을 팔았습니다. 베드로는 예수님을 모른다고 세 번 부인하며 저주했습니다. 한 청년은 예수님이 잡히시던 날 새벽에 벗은 몸으로 도망갔습니다. 예수님께서 십자가를 지셨을 때 그 주변에는 온통 야유하고 조롱하는 사람들밖에 없었습니다.

물론 이들과는 다른 몇몇의 사람들도 있었습니다. 막달라 마리아와 작은 야고보와 요셉의 어머니 마리아와 살로메 같은 여자들은 멀리서 예수님의 죽음을 바라보았습니다(막 15:40). 이들은 모두 주목받지 못하던 사람들이었습니다. 그런데도 이 여자들은 예수님의 제자들이 예수님을 버리고 도망갈 때 멀리서나마 예수님의 곁을 지켰습니다. 그렇게 예수님의 죽음에 동참했습니다. 왜냐하면 다른 사람들이 높아지려는 욕심, 성공하고 출세해보려는 목적으로 예수님을 따를 때 이 여자들은 갈릴리에서부터 예수님을 섬기며 좇았던 사람들이었기 때문입니다. 서기관과 대제사장들과 제자들이 예수님과 다른 길에 서 있을 때, 이 여자들은 예수님과 같은 길에 서 있었습니다. 가룟 유다가 은 삼십을 받고 예수님을 팔 때 이름 없는 한 여인은 삼백 데나리온이나 하는 향유 옥합을 깨뜨려 예수님의 머리에 부었습니다. 이것이 예수님이 수단인 사람과 예수님이 목적인 사람의 차이고, 예수님과 다른 길에 선 사람과 예수님과 같은 길에 선 사람의 차이입니다.

사랑하는 성도 여러분! 오늘 우리는 어디에 있습니까? 우리는 예수님께서 가신 길 위에 있습니까? 우리는 힘들고 어려워도 예수님께서 가신 길을 따르고 있습니까? 아니면 우리는 혹시 다른 길에서 있는 것은 아닐까요? 예수님이 목적이 아니라 수단인 삶을 살고 있지는 않을까요? 지금은 우리가 그 차이를 모를 수 있습니다. 그러나 그 길 끝에서 예수님과 다른 길에 있던 사람들은 예수님을 죽이려 할 것이고, 예수님과 같은 길에 서 있던 사람들은 예수님과 함께 영생을 누리게 될 것입니다. 우리가 어느 길에 서 있는지는 우리가 무엇을 위해 사는지를 보면 금방 알 수 있습니다. 우리가 주를 위해 무엇을 내놓을 수 있는지, 혹은 무엇을 포기할 수 없는지를 보면 지금 우리가 서 있는 길이 보이고, 그 길의 끝이 보일 것입니다.

기도

사랑이 많으신 하나님 아버지, 하나님을 섬기는 사람들이 하나님을 두려워하지 않고, 성경을 말하는 사람들이 진리에는 관심이 없고, 예수님의 제자라는 사람들이 예수님과 다른 길을 가고 있습니다. 그 결과 그들은 하나님의 이름으로 하나님을 죽이고, 성경을 들먹이며 주님을 부정하고, 주께서 십자가를 지시니 모두 주를 버리고 도망갔습니다. 평소에는 주를 향해 호산나 다윗의 자손이라고 환호하던 사람들이 자신들이 원하는 것을 더 이상 얻을 수 없게 되자 예수를 죽이라고 고함쳤습니다. 예수님을 사랑한다 하고, 예수님을 위해 죽을 수도 있다고 하던 제자들이 제일 먼저 예수님을 버리고 도망갔습니다.

하나님 아버지, 우리도 그럴까 두렵습니다. 우리도 결정적인 순간에 주를 부인하고, 내가 가진 것을 놓을 수 없어서 하나님을 떠나고, 내 속에 있는 욕망을 이루기 위해 주를 저주하게 될까 심히 두렵고 떨립니다. 하나님 아버지, 연약한 우리를 지켜 주옵소서. 우리는 아직도 세상 것에 욕심이 많고, 그래서 우리는 아직도 더 높아지고 싶고, 더 부자가 되고 싶고, 더 성공하고 싶고, 교회는 더 부흥하고 싶습니다. 그래서 이 세상에서 좀 더 편하게 살고, 좀 더 대접받으며 살고, 좀 더 어깨 펴고 폼 잡으며 살고 싶습니다. 고난과 조롱과 죽음보다는 평안과 화평과 영광을 누리고 싶습니다. 주께서 가신 길이 어떠하든 우리는 오늘 우리의 길을 가고 싶습니다. 그래서 우리도 이 길 끝에서 주를 부인하고, 주를 죽이려 할까 두렵습니다.

하나님 아버지, 연약하고 부족한 우리를 긍휼히 여겨 주옵소서. 설사 우리가 주님의 손을 놓을지라도 주께서는 우리 손을 꼭 잡아 주옵소서. 설사 우리가 연약하여 주님을 모른다 부인할지라도 주님께서는 우리를 감싸주시고, 아버지 하나님 앞에서 우리를 인정해 주옵소서. 주님 앞에 부끄럽고 죄송하지만 이것이 오늘 우리가 드릴 수 있는 최선의 기도임을 불쌍히 여겨 주옵소서.

오늘 하루 우리의 심령에 성령의 기름을 부어 주셔서 우리 의지가 아닌 하나님의 도우심으로 우리가 주님 가신 길을 따라가게 하여 주옵소서.

예수 그리스도의 이름으로 기도드리옵나이다. 아멘.

적용 질문

'예수님이 수단인 사람'과 '예수님이 목적인 사람'의 뜻은 무엇입니까? 두 사람의 끝은 어떤 차이가 있을까요?

서른세 번째 날

너희가 나를 팔 것이다

마가복음 14:12-21

샬롬, 오늘은 사순절 서른세 번째 날입니다. 오늘도 주님과 더불어, 교회와 더불어, 이웃과 더불어 함께하는 행복한 하루가 되시기 바랍니다.

오늘은 마가복음 14:12-21절까지 말씀을 읽었습니다.

예수님이 죽음에 한 발짝 더 다가서십니다. 예수님이 제자들에게 유월절 만찬을 준비시키십니다. 유월절은 이스라엘의 해방과 구원을 기념하는 절기입니다. 유월절이란 '넘어간다'는 뜻입니다. 하나님께서 애굽에서 처음 태어난 것을 모두 죽이실 때 문설주에 양의 피를 바른 집은 죽음이 넘어간 것을 의미합니다.

애굽의 바로 왕은 끝까지 마음이 완악했습니다. 하나님은 이스라엘 백성을 내보내라고 하셨지만 바로는 하나님의 말씀을 외면했습니다. 하나님께서 피, 개구리, 이, 파리, 악질, 독종, 우박, 메뚜기, 흑암의 재앙들을 보내셨지만, 그래도 바로는 하나님의 말씀을 듣지 않았습니다. 마침내 하나님은 애굽에서 처음 태어난 모든 것을 죽이기로 하십니다. 다음 왕위에 오를 바로의 맏아들부터 감옥에 갇힌 죄수의 장자까지, 심지어는 가축의 처음 난 것까지 모두 죽이겠다고 하셨습니다. 다만 양을 죽여 그 피를 문설주에 바른 집은 죽음이 넘어갈 것이라고 하셨습니다. 하나님의 말씀대로 양의 피를 집 좌우 문설주와 인방에 바른 집에서는 아무도 죽지 않았습니다. 그러나 하나님의 말씀에도 불구하고 순종하지 않은 집에는 죽음이 임했습니다. 바로의 장자도 죽었고, 포로의 맏아들도 죽었습니다. 모든 가축의 처음 태어난 것도 다 죽었습니다. 그날 밤 애굽에 큰 곡성이 터졌습니다. 왜냐하면 애굽에서 초상이 나지 않은 집이 한 집도 없었기 때문입니다. 그때 이스라엘을 살린 것은 양의 피였습니다. 이스라엘을 대신해서 양이 죽었고, 그 양의 피를 집 문설주에 바른 사람은 살았습니다.

예수님께서 유월절 식사를 준비하십니다. 이제 곧 자신이 유월절의 양이 되어 죽으실 것입니다. 유월절 만찬을 나누시며 예수님은 제자들에게 그들이 떼는 떡은 나의 몸이고, 그들이 마시는 포도주는 나의 피라고 하셨습니다. 그렇게 예수님은 자신의 죽음을 준비하셨습니다. 예수님은 그렇게 죽으시고, 우리는 그 죽음을 통해 죄와 사망의 고통에서 해방될 것입니다. 다른 길은 없습니다.

그런데 예수님의 죽음을 준비하는 또 다른 사람이 있었습니다. 바로 가룟 유다입니다. 가룟 유다는 어떻게 하면 예수님을 대제사장들에게 넘겨줄지 기회를 찾고 있었습니다. 예수님은 그런 가룟 유다의 마음을 다 아셨습니다. 예수님이 가룟 유다를 향해서 말씀하십니다. "내가 진실로 너희에게 이르노니 너희 중의 한 사람 곧 나와 함께 먹는 자가 나를 팔리라". 다른 사람은 몰랐지만 가룟 유다는 예수님이 말씀하시는 사람이 누구인지 알았습니다. 다른 제자들이 근심하며 그 사람이 혹시 자기는 아닌지 예수님께 물을 때 가룟 유다는 침묵했습니다. 그러자 예수님이 다시 말씀하십니다. "열 둘 중의 하나 곧 나와 함께 그릇에 손을 넣는 자니라 인자는 자기에 대하여 기록된 대로 가거니와 인자를 파는 그 사람에게는 화가 있으리로다". 이 상황을 요한복음에서는 이렇게 기록합니다. "내가 떡 한 조각을 적셔다 주는 자가 그니라 하시고 곧 한 조각을 적셔서 가룟 시몬의 아들 유다에게 주시니 조각을 받은 후 곧 사탄이 그 속에 들어간지라 이에 예수께서 유다에게 이르시되 네가 하는 일을 속히 하라 하시니"(요 13:26-27). 예수님께서 제자들 중에 나를 팔 자가 있다고 하십니다. 내가 떡 한 조각을 적셔다 주는 자가 그 사람이라고 하시면서 가룟 시몬의 아들 유다에게 떡을 주십니다. 마태복음에 보면 이때 가룟 유다가 예수님께 "랍비여 나는 아니지요"라고 묻습니다. 그러자 예수님이 "네가 말하였다"라고 대답하십니다. 대놓고 가룟 유다가 예수님을 팔 자라고 말씀하시는 것입니다.

예수님께서는 처음부터 가룟 유다가 배반할 것을 아셨습니다. 예수님께서는 가룟 유다가 자신을 대제사장들에게 넘겨줄 것도 아셨습니다. 또한 가룟 유다가 이미 자신을 은 삼십에 판 것도 아셨습니다. 그러나 예수님은 가룟 유다를 탓하지 않으셨습니다. 오히려 그가 회개하고 돌이킬 기회를 주셨습니다. 예수님께서 한 마디 한 마디 말씀하시는 모든 순간이 가룟 유다 입장에서는 회개할 기회였습니다. 그러나 가룟 유다는 끝끝내 회개하지 않습니다. 그리고 이날 대제사장과 장로들이 내어 준 군사들을 데리고 와서 예수님을 잡아갔습니다.

누군가로부터 죄를 지적받으면 마음이 상합니다. 누군가에게 내가 지은 죄가 드러나면 숨기고 싶습니다. 그러나 우리의 은밀한 죄가 지적받고 드러나는 순간은 우리가 그 죄를 회개하고 돌이킬 순간입니다. 회개하면 기회가 있습니다. 돌이키면 예수님이 용서하십니다. 이를 위해 예수님이 죽으셨기 때문입니다. 그러나 죄를 감추고 끝까지 돌이키지 않는다면 그 사람에게는 아무런 소망도 없습니다.

누구나 넘어지고 실수할 수 있습니다. 잘못된 일을 계획할 수도 있고, 온갖 시험에 빠질 수도 있습니다. 그것은 문제가 아닙니다. 문제는 중단해야 할 때 중단하고, 돌이켜야 할 때 돌이킬 수 있느냐는 것입니다. 오늘 우리가 중단하고 돌이켜야 할 일이 있습니까? 그렇다면 회개하고 결단하여 그 일을 멈추십시오. 그리고 돌이키십시오. 주님께서 우리에게 새로운 기회를 주실 것입니다.

기도

사랑이 많으신 하나님 아버지, 우리를 살리기 위해 주님이 죽으셨습니다. 주님이 죽으셔서 우리가 살았습니다. 주님께서는 처음부터 끝까지 그 길을 가셨습니다. 사탄의 무리가 주님을 시험하고, 가장 가까운 제자들이 나서서 그 길을 말렸지만 주님은 조금도 망설이지 않고 그 길을 가셨습니다. 사랑하는 가족과 친척들은 그런 주님을 미쳤다 하고, 대제사장과 바리새인들은 그런 주님을 귀신에 들렸다고 모욕했지만, 그래도 주님은 포기하지 않고 그 길을 가셨습니다. 그리고 이제 그 길 끝에 와 있습니다. 주님께서 사랑하셨던 제자가 이미 주님을 팔았습니다. 주님의 수제자라는 사람은 잠시 후 주님을 모른다고 부인하며 주님을 저주할 것입니다. 지금이라도 주께서 마음만 먹으면 하늘의 천군과 천사를 불러 호령하실 수 있으시지만, 주님은 그러지 않으셨습니다. 그리고 묵묵히 가시던 길을 가셨습니다. 그 길 끝에는 죽음이 있는 것을 아셨지만, 그 길 끝에서 사람들에게 버림받고 아버지 하나님부터로 외면당하실 것을 아셨지만, 그래도 주님은 그 길을 가셨고, 그렇게 죽으셨습니다. 그렇게 주님이 죽으셔서 우리가 살았습니다. 그렇게 주님이 주님의 길을 포기하지 않으셔서 우리가 살았습니다. 하나님, 감사합니다. 이 땅에 사람의 모습으로 오셔서 고난받으시고, 그리고 십자가 위에 죽어 주셔서 감사합니다. 그렇게 주께서 죽으심으로 우리가 살아서 감사합니다.

자비하신 하나님, 주님께서 가신 길을 따르는 우리도 이 길 끝에서 죽을 수 있게 하여 주옵소서. 우리가 죽어 우리 주변이 살게 하여 주옵소서. 우리도 주님 가신 길 따라가기를 포기하지 않게 하시고, 끝까지 이 길을 갈 수 있게 하여 주옵소서.

예수님의 이름으로 기도드렸습니다. 아멘.

적용 질문

죄를 짓는 것보다 더 심각한 문제는 무엇입니까? 사람을 심판받고 멸망하게 하는 것은 단순히 죄를 지어서가 아닙니다. 그러면 사람은 무엇 때문에 심판받고 멸망하는 것일까요?

서른네 번째 날(주일)

다 나를 버리리라

마가복음 14:22-31

교회 절기상 오늘은 종려주일입니다. 종려주일이란 예수님께서 나귀를 타고 예루살렘 성에 입성하신 것을 기억하는 날입니다. 예수님께서 나귀 새끼를 타고 예루살렘 성에 입성하실 때 사람들은 종려나무 가지를 꺾어 흔들면서 예수님을 맞이했습니다. 예수님은 죽기 위해 예루살렘 성에 들어가시는 거였지만 사람들은 예수님이 이스라엘의 새로운 왕이 되시기 위해 예루살렘 성에 들어가신다고 생각했습니다. 그래서 그들은 자기들의 겉옷을 펴고 종려나무 가지를 흔들면서 '호산나 찬송하리로다 주의 이름으로 오시는 이여 가장 높은 곳에서 호산나'라고 소리질렀습니다. 이는 모두가 왕을 맞이하는 표현들입니다. 이 부분에 대해서는 지난 3월 27일 가정예배에서 설교했습니다. 아무튼 예수님은 나귀 새끼를 타고 예루살렘 성에 들어가신 후 고난당하고 죽으십니다. 예수님께서는 처음부터 이 길을 가셨고, 마지막 순간까지 이 길을 포기하지 않으셨습니다.

오늘 우리는 본문으로 마가복음 14:22-31절까지의 말씀을 읽었습니다. 예수님께서 제자들과 마지막 만찬을 나누시는 장면입니다. 이 식사를 마치신 후 예수님은 겟세마네 동산에 올라가 기도하시고, 그곳에서 가룟 유다가 데리고 온 대제사장의 무리들에 의해 붙잡히십니다. 그리고 대제사장과 빌라도와 헤롯의 법정을 전전하다 빌라도에 의해 사형 선고를 받으시고 십자가 위에서 죽으십니다.

오늘 본문은 두 부분으로 나누어져 있습니다. 22절에서 25절까지는 예수님이 제자들과 유월절 만찬을 나누시는 장면입니다. 이 만찬에서 예수님은 그들이 나누는 떡을 자신의 찢어질 몸에 비유하시고 그들이 나누는 포도주를 자신이 흘릴 피에 비유하십니다. 이후 교회는 이날의 만찬을 기억하면서 지금까지 성찬식을 행하고 있습니다. 그러니까 오늘 본문 말씀은 교회 역사상 최초의 성찬식이 행해지고 있는 모습입니다.

이어서 26절에서 31절까지는 제자들이 모두 예수님을 버릴 것을 말씀하시고, 특히 베드로는 그날 밤 닭이 두 번 울기 전에 예수님을 모른다고 세 번 부인할 것이라고 구체적으로 말씀하십니다. 물론 베드로를 비롯해서 나머지 제자들은 모두 자기들은 죽더라도 주님을 버리지 않을 것이라고 예수님께 장담합니다.

오늘은 이 두 가지 이야기를 잠시 하려고 합니다.

먼저 예수님이 제자들과 함께 유월절 만찬을 나누십니다. 예수님이 제자들과 나누시는 마지막 식사입니다. 이 자리에서 예수님께서 제자들에게 떡을 떼어 주시며 말씀하십니다. "받으라 이것은 내

몸이라". 또 잔을 주시며 말씀하십니다. "이것은 많은 사람을 위하여 흘리는 나의 피 곧 언약의 피니라". 우리가 지금까지 성찬식 때 인용하는 말씀입니다.

아직까지 제자들은 예수님이 이스라엘의 왕이 되실 것이라고 믿고 있습니다. 오늘 본문에서 제자들은 주를 위해 죽을 수도 있다고 장담합니다. 그러나 예수님께서는 제자들에게 "너희가 다 나를 버릴 것이다"라고 하십니다. 그러자 베드로가 대답합니다. "다 버릴지라도 나는 그리하지 않겠나이다". 여기 있는 사람이 다 주를 버릴지라도 나만은 주님을 버리지 않을 것이라는 말입니다. 그러자 예수님이 베드로에게 말씀하십니다. "오늘 이 밤 닭이 두 번 울기 전에 네가 세 번 나를 부인하리라". 그러자 베드로가 다시 말합니다. "내가 주와 함께 죽을지언정 주를 부인하지 않겠나이다". 내가 죽으면 죽었지 예수님을 부인하지 않겠다는 것입니다. 물론 베드로만 이렇게 말한 것이 아닙니다. 오늘 본문 31절에 보면 다른 모든 제자도 이와 같이 말했다고 합니다.

제자들은 자신들이 잠시 후 예수님을 버리게 될 것이라고는 꿈에도 생각지 못하고 있습니다. 오히려 제자들은 모두 목숨 걸고 예수님을 따르겠다는 결의에 차 있습니다. 제자들의 이런 고백과 결단은 모두 진심이었을 것입니다. 실지로 베드로는 대제사장의 무리가 예수님을 잡으러 오자 가지고 있던 칼을 뽑아서 대제사장의 종의 귀를 잘라 버립니다. 요한복음 18:10절에 보면 이때 귀가 잘린 사람은 대제사장의 종 '말고'라고 합니다. 그러니 '내가 주와 함께 죽을지언정 주를 부인하지 않겠다'는 베드로의 말은 전혀 허풍은 아니었던 것입니다. 다른 제자들도 마찬가지입니다. 그러나 제자들의 이런 결심은 오래가지 못합니다.

베드로는 칼을 뽑아 말고의 귀를 자른 지 불과 몇 시간 만에 예수님을 모른다고 부인하고 저주합니다. 이 일을 마가복음 14:66-72절에서 이렇게 기록합니다. "베드로는 아랫뜰에 있더니 대제사장의 여종 하나가 와서 베드로가 불 쬐고 있는 것을 보고 주목하여 이르되 너도 나사렛 예수와 함께 있었도다 하거늘 베드로가 부인하여 이르되 나는 네가 말하는 것이 무엇인지 알지도 못하고 깨닫지도 못하겠노라 하며 앞뜰로 나갈새 여종이 그를 보고 곁에 서 있는 자들에게 다시 이르되 이 사람은 그 도당이라 하되 또 부인하더라 조금 후에 곁에 서 있는 사람들이 다시 베드로에게 말하되 너도 갈릴리 사람이니 참으로 그 도당이니라 그러나 베드로가 저주하며 맹세하되 나는 너희가 말하는 이 사람을 알지 못하노라 하니 닭이 곧 두 번째 울더라 이에 베드로가 예수께서 자기에게 하신 말씀 곧 닭이 두 번 울기 전에 네가 세 번 나를 부인하리라 하심이 기억되어 그 일을 생각하고 울었더라".

베드로는 예수님 말씀대로 그날 닭이 두 번 울기 전에 예수님을 모른다고 세 번 부인합니다. 베드로만 예수님을 버린 것이 아닙니다. 마가복음 14:51절에 보면 한 청년은 대제사장의 무리들에게 예수님이 잡히실 때 벌거벗은 채로 도망을 갔습니다. 그렇게 모두 예수님을 버렸고 결국 예수님이 십자가를 지실 때 예수님의 곁을 지킨 사람은 주목받지 못하던 여인들 몇 사람과 사도 요한이 전부입니다.

제자들이 왜 이렇게 되었을까요? 죽는 한이 있어도 주님을 버리지 않겠다고 장담하던 제자들이 왜 전부 주님을 버리게 된 것일까요?

우리가 마가복음을 통해 계속 묵상한 대로 제자들은 아직도 예수님과 다른 길에 서 있습니다. 제자들이 목숨을 걸고 따르며 지키겠다는 예수님은 이스라엘의 왕이 되실 예수님입니다. 제자들의 생각에 예수님이 이스라엘의 왕이 되시기까지는 많은 문제와 어려움이 있을 수 있습니다. 예루살렘을 다스리고 있는 헤롯 임금이나 로마 정부의 강력한 저항이 있을 것이고, 그들과 싸워 이겨야 예수님이 왕이 되실 수 있습니다. 그 싸움에서 어쩌면 자신들이 죽을 수도 있지만, 그러나 자신들이 끝까지 살아남고 예수님이 정말로 이스라엘의 왕이 되신다면 자신들에게는 큰 보상이 따를 것입니다. 요한과 야고보의 말처럼 자기들 중 어떤 사람은 예수님의 우편에서, 어떤 사람은 예수님의 좌편에서 이스라엘을 다스릴 것입니다. 그리고 어떤 사람은 그 규모와 화려함이 대단한 예루살렘 성전을 책임지는 자가 될 수도 있을 것입니다. 이런 보상이 있으니 제자들은 예수님을 버리지 않겠다는 것입니다. 설사 예수님을 따르다 죽는 한이 있어도 예수님을 버리지 않겠다는 것입니다. 장차 왕이 되실 예수님을 왜 버리겠습니까? 다른 사람은 모두 예수님을 버려도 자신만은 예수님을 버릴 수 없습니다. 왜냐하면 예수님을 따르는데 대한 대가와 보상이 크기 때문입니다.

그런데 유월절 만찬 후 기도하시던 예수님이 허무하게 잡히십니다. 가룟 유다가 데리고 온 대제사장들과 서기관들과 장로들이 파송한 무리들에게 예수님이 잡혀가십니다. 베드로가 칼을 들고 저항을 했지만 예수님이 말리셨습니다. 그리고 예수님은 아주 무기력한 모습으로 잡혀가셨습니다. 그 순간 제자들의 꿈은 모두 깨졌습니다. 하나는 예수님의 우편에, 하나는 예수님의 좌편에 서겠다는 꿈도 깨졌고, 크고 화려한 성전의 책임자가 되겠다는 꿈도 깨졌고, 예수님과 함께 다윗 시대의 영광을 재현해 보겠다는 꿈도 깨졌습니다. 이제 더 이상 예수님을 따라 봤자 그로부터 얻을 대가와 보상은 없습니다. 오히려 더 이상 예수님을 따르다가는 자기들도 허무하게 죽을 것만 같았습니다. 그래서 제자들은 모두 예수님을 버리고 도망갔습니다. 너무 급해서 옷도 걸치지 못한 채 도망갔고, 너무 무서워서 예수님을 부인하며 저주하기까지 했습니다.

사랑하는 성도 여러분! 신앙이란 게 무엇일까요? 믿음이 좋다는 게 무엇일까요? 신앙이 있고 믿음이 좋다는 것은 매일 새로운 결심을 하고, 남다른 각오를 하고, 주를 위해 죽겠다고 결단을 하는 것이 아닙니다. 그런 결단은 대단해 보이기는 하지만 어차피 우리는 결단한 대로 살지도 못합니다.

그러면 신앙이란 게 무엇일까요? 믿음이 좋다는 게 무엇일까요? 하나님을 바로 아는 것입니다. 예수님과 한 길에 서서 그 길을 가는 것입니다. 마지막 순간까지 예수님을 닮아가면서 예수님이 가신 길을 쫓아가는 것입니다. 그게 신앙입니다. 그런데 제자들은 그러지 못했습니다. 제자들에게는 목숨을 건 결단과 충성심만 있었습니다. 지금까지 예수님은 자신이 당하실 고난과 조롱과 핍박과 죽음에 대해 끊임없이 말씀하셨지만 제자들에게는 그 말씀이 들리지 않았습니다. 왜냐하면 자기들의 꿈이 너무 컸기 때문입니다. 게다가 병든 자를 고치고 죽은 자를 살리시는 예수님, 보리떡 다섯 덩어리와 물고기 두 마리로 오천 명을 먹이시는 예수님, 말씀만 하시면 바람과 풍랑도 복종하게 하시는 예수님, 그 예수님이 왜 고난을 당하고 죽으시겠습니까? 그럴 리가 없습니다. 설사 예수님이 고통을 당한다 해도 그것은 이스라엘을 다시 세우기 위한 과정이지 예수님이 정말 고난받고 죽으실 것이라고는 생각지 못했습니다. 그러니 예수님이 아무리 고난과 조롱과 죽음을 말씀하셔도 제자들은 그 말씀을 인정하지 않았고, 끝까지 자기들의 꿈과 환상만 좇았던 것입니다. 그러다 보니 실지로 예수님이 잡혀가시고, 채찍에 맞으시고, 아무런 저항도 없이 십자가에서 죽게 되자 제자들은 모두 예수님을 버리고 도망간 것입니다. 제자들은 예수님과 함께 먹고 자고 가장 가까이서 그분의 가르치심을 받고 예수님께서 행하시는 일들을 가장 가까이서 보았지만 정작 예수님에 대해서 제대로 알지 못했던 것입니다. 예수님에 대해 제대로 알지 못하니 자기들의 꿈만 좇다가 그 꿈이 깨지자 예수님을 떠난 것입니다.

사랑하는 성도 여러분! 오늘 저와 여러분에게는 바른 믿음이 있습니까? 우리는 예수님과 한 길에 서 있습니까? 우리가 지금 가는 이 길을 계속해서 가다 보면 우리는 이 길 끝에서 예수님을 만날 수 있을까요? 여러분이 그러기를 원하신다면 하나님을 바로 알아야 합니다. 그러기 위해 예배에 잘 참석하시고, 매일 성경 말씀을 읽고 묵상하시고, 기도하면서 하나님을 깊이 생각해야 합니다. 무슨 일이든 할 때 그 일을 주께서 기뻐하실지 생각해야 합니다. 그런 의미에서 요즘 여러분의 기본적인 신앙생활은 어떻습니까? 매일 성경 읽기는 계속해서 잘하고 계십니까? 매일 시간을 정해 하나님께 기도하고 있습니까? 비록 영상으로 드리는 예배지만 교회에 올 때만큼 준비해서 정성껏 예배에 참여하고 있습니까? 여러분이 하는 모든 일에 하나님의 뜻을 구하고 하나님 말씀대로 살기 위해 수고하고 있습니까?

사랑하는 성도 여러분! 지금은 우리가 모든 신앙 활동을 쉬는 기간이 아니라 우리가 더욱 간절히 하나님을 찾고 하나님의 뜻을 구할 때입니다. 그러므로 우리가 편안할 때보다 지금 더 열심히 성경보고 기도해야 하고, 더 집중해서 하나님을 예배해야 합니다. 그래야 우리가 하나님을 바로 알 수 있고, 하나님을 바로 알아야 이런 저런 이유로 하나님을 버리지 않을 수 있는 것입니다.

아무튼 제자들은 모두 주님을 버리고 도망갈 것인데 예수님께서는 그 사실을 다 알고 계셨습니다. 가룟 유다가 자신을 팔 것도 아셨고, 베드로가 자신을 모른다고 세 번 부인하고 저주할 것도 아셨습니다. 자신을 향해 '호산나 다윗의 자손이여'라고 외치던 무리들이 자신을 십자가에 못 박으라고 고함치게 되리라는 것도 아셨습니다. 그런데 예수님은 지금 그들과 만찬을 나누고 계십니다. 만찬을 나누며 떡을 떼어 주시고 포도주를 나눠 주십니다. 그 떡과 포도주는 매일 먹는 떡과 포도주지만, 그러나 예수님은 제자들에게 떡과 포도주를 나눠주시면서 자기 죽음을 준비하고 계시는 것입니다. 예수님이 제자들에게 떡을 떼어주시며 말씀하십니다. "받으라 이것은 내 몸이니라". 또 예수님이 제자들에게 포도주를 주시며 말씀하십니다. "이것은 많은 사람을 위하여 흘리는 나의 피 곧 언약의 피니라". 이제 곧 예수님은 자기 몸을 찢고 자기 피를 다 흘려 십자가 위에서 죽으실 것입니다. 지금까지 예수님은 이 일을 위해 달려오셨습니다. 제자들의 기대대로 왕이 되기 위해 달려오신 것이 아니라, 십자가 위에서 몸을 찢고 피를 쏟으시기 위해 달려오셨습니다. 그리고 드디어 그때가 되었고, 예수님은 그 고난과 죽음을 피하지 않으셨습니다.

그런데 지금 예수님이 누구를 위해 그렇게 죽으시겠다는 것입니까? 바로 자기들 앞에 있는 제자들입니다. 이미 자기를 팔아넘긴 가룟 유다나, 자신을 모른다고 세 번 부인하고 저주할 베드로나, 너무 급해서 옷도 입지 못한 채 도망갈 청년이나, 또는 자신을 십자가에 못 박아 죽이라고 소리칠 무리들을 위해 고난받고 죽으시겠다는 것입니다. 그들을 위해 빵처럼 부서지고 포도주처럼 피를 쏟으시겠다는 것입니다. 예수님은 제자들이 자신을 부인하고 저주하며 흩어질 것을 아셨지만 그런 제자들을 탓하지 않으셨습니다. 그들을 책망하고 나무라지 않으셨습니다. 그들을 포기하지도 않으셨습니다. 그리고 이후 부활하신 예수님은 그 제자들을 다시 불러 부활의 증인으로 세워주셨습니다.

사랑하는 성도 여러분! 우리의 신앙은 우리의 결단과 다짐으로 세워지는 것이 아닙니다. 우리의 희망도 누가 얼마나 대단한 결심을 하고, 누가 얼마다 대단한 충성심을 보이느냐에 있지 않습니다. 우리는 어차피 말한 대로 살지 못하고 결심해도 이루지 못합니다.

그러면 우리에게는 아무런 소망도 없는 것입니까? 물론 그렇지 않습니다. 우리가 아는 대로 이후 제자들은 예수님의 죽음과 부활의 증인들이 됩니다. 예수님의 죽음과 부활을 전하기 위해 제자들은 고통받고, 사도 요한을 제외한 모든 제자가 순교합니다. 오늘 본문에서 제자들이 장담한 대로 죽어도 주를 떠나지 않는 복음의 증인들이 되는 것입니다.

어떻게 그럴 수 있었을까요? 제자들이 자신을 버릴 것을 알면서도 그들과 만찬을 나누시고, 그들을 위해 살을 찢고 피를 흘리신 예수님의 사랑과 기다림이 있었기 때문입니다. 우리의 소망도 거기에 있습니다. 사랑하는 성도 여러분! 우리는 다 연약하고 부족합니다. 그러나 그렇다고 주님이 우리를 포기하고 버리지 않으십니다. 주님께서는 우리의 연약함을 아시고, 우리가 주님 앞에 나와 약속하고 다짐하는 것을 지키지 못할 것도 아시지만, 그렇다고 우리를 포기하지 않으십니다. 주님께서는 앞으로도 우리가 우리 삶의 현장에서 수없이 주님을 배반하고 떠나갈 것도 아시지만, 그런 우리를 버리지도 않으십니다. 오히려 예수님께서는 그런 우리를 위해서 몸을 찢으시고 피를 흘려주셨습니다. 그 덕에 오늘 우리가 이 자리에 있는 것이고, 우리가 자주 넘어지고 쓰러져도 또다시 주님 앞에 설 수 있는 것입니다.

사랑하는 성도 여러분! 내일부터 고난주간입니다. 여러분은 이번 고난주간을 어떻게 보내시겠습니까? 자꾸 대단한 것을 결단하려고만 하지 마시고 여러분이 서 있는 길을 확인하십시오. 지금 나는 예수님과 같은 길에 서 있는가? 내가 걷는 이 길이 예수님이 걸으신 길이고, 그래서 내가 가는 이 길 끝에서 나는 예수님을 만날 수 있을 것인가? 이것을 생각하고 확인하십시오. 그리고 하나님의 긍휼과 자비 앞으로 나오십시오. 주께서 우리를 사랑하시고 우리를 위해 몸을 찢으시고 피를 흘려주셨으니 우리는 언제든 다시 일어설 수 있습니다. 주께서 우리에게 생명까지 주셨는데 더 이상 무엇을 더 주지 않으시겠습니까?

사랑하는 성도 여러분! 하나님을 믿으십시오. 그리고 힘을 내시고 담대한 삶을 사십시오. 주께서 우리와 함께하십니다.

적용 질문

결단하고 결심했지만 지키지 못한 일이 있습니까? 무엇이 문제였습니까? 주를 위해 죽겠다는 결단보다 중요한 것이 있습니다. 그것이 무엇입니까? 우리를 향하신 하나님의 사랑은 어떻게 표현이 되었습니까?

서른다섯 번째 날

이 잔을 내게서 옮기소서

마가복음 14:32-42

샬롬, 오늘은 사순절 서른다섯 번째 날이고 고난주간 첫 번째 날입니다. 오늘도 주님과 더불어, 교회와 더불어, 이웃과 더불어 함께 하는 행복한 하루가 되시기 바랍니다.

오늘 읽은 말씀은 마가복음 14:32-42절까지 말씀입니다.

예수님께서 제자들을 데리고 겟세마네라 하는 곳으로 가십니다. 그곳은 예수님이 자주 기도하시던 곳으로 가룟 유다도 아는 곳이었습니다. 그곳에서 예수님은 베드로와 요한과 야고보를 따로 데리고 가셔서 기도하십니다. 예수님께서는 십자가를 앞에 두고 처절하게 기도하셨습니다. 이때 기도하시는 예수님의 모습을 마가는 '심히 놀라시며 슬퍼하사', '내 마음이 심히 고민하여 죽게 되었으니'라는 말로 표현했습니다. 이와 똑같은 모습을 누가는 '예수께서 힘쓰고 애써 더욱 간절히 기도하시니 땀이 땅에 떨어지는 핏방울 같이 되더라'(눅 22:44)라고 했습니다. 도대체 예수님이 얼마나 힘써 기도하셨으면 땀이 핏방울같이 되어 떨어질 정도였을까요? 도대체 예수님은 무엇을 그렇게 고민하며 죽을 지경이 되기까지 힘써 기도하셨던 것일까요?

예수님은 지금 십자가를 앞에 놓고 기도하고 계십니다. 이제 곧 예수님은 대제사장에게 잡혀갈 것이고, 빌라도에게 재판을 받으신 후 사형 선고를 받으실 것입니다. 그리고 십자가에 매달려 죽으실 것입니다. 그 일을 생각하면 예수님이 고민이 되어 죽을 지경이었습니다. 할 수만 있다면 그 길을 피하고 싶습니다. 그래서 기도하십니다. "아빠 아버지여 아버지께는 모든 것이 가능하오니 이 잔을 내게서 옮기시옵소서".

그런데 뭔가 이상하지 않으십니까? 예수님은 지금껏 이 순간을 위해 달려오셨습니다. 예수님은 처음부터 죽기 위해 이 땅에 오셨고, 그 일에 한 번도 한눈팔지 않으셨습니다. 그런데 이제 와서 뭐가 그렇게 고민이 되고, 뭐가 그렇게 힘이 드셨던 것일까요?

예수님이 두려워하신 것은 십자가에 못 박혀야 하는 육체적인 고통이 아니었습니다. 예수님이 고민하며 힘들어하신 것은 제자들의 배신과 사람들의 조롱도 아니었습니다. 지금 예수님께서 죽을 만큼 고통스러워하시는 것은 잠시나마 하나님과 완전히 단절된다는 것이었습니다. 예수님이 십자가 위에서 죽으실 때 하나님은 예수님을 외면하실 것입니다. 예수님이 십자가를 지고 죽으실 때 예수님은 모든 인류의 죄를 대신한 죄인이 되시는 것이고, 하나님은 그 죄인을 철저히 심판하실 것입니다. 예수님께서 무덤에 갇힌 사흘 동안 하나님은 예수님을 돌아보지 않으실 것입니다. 하나님과의 단절! 이것은 지금까지 예수님이 경험해보지 못하신 일입니다. 예수님은 그 사실이 두려웠고, 고통스러웠습니다. 할 수만 있다면 그 잔을 피해가고 싶었습니다. 돈은 없어도 살 수 있습니다. 명예가 없어도 살 수 있습니다. 지식과 권력이 없어도 살 수 있습니다. 그러나 하나님 없이는 살 수가 없습니다. 그래서 예수님은 십자가를 앞에 놓고 심히 놀라고 고민하셨습니다. 땀방울이 핏방울처럼 변할 때까지 힘써서 기도하셨습니다. 할 수만 있다면 그 길을 피하게 해달라고 하나님을 붙잡았습니다.

사랑하는 성도 여러분! 십자가는 쉬운 길이 아닙니다. 십자가는 예수님조차 고민하게 하는 힘든 길입니다. 그래서 십자가는 하나님에 대한 신뢰와 간절한 기도가 없이는 질 수 없는 것입니다. 제자들은 모두 주를 위해 죽을 수 있다고 장담했지만 제자들은 모두 주님을 부인하며 도망갔습니다. 십자가의 길은 그런 것입니다. 그래서 예수님께서 제자들에게 말씀하십니다. "시험에 들지 않게 깨어있어 기도하라". 십자가를 앞에 두고서도 기도하지 않으면 시험에 들 수밖에 없습니다. 그러므로 우리가 우리 십자가를 지는 길은 스스로 결단하는 것이 아닙니다. 우리가 우리 십자가를 지는 길은 하나님 앞에 나와 겸손히 기도하는 것입니다. 그래야 우리는 우리의 십자가를 질 수 있고, 우리도 주님 가신 길을 따라갈 수 있는 것입니다.

주를 위해 죽을 수도 있다는 대단한 결의가 있었던 제자들은 정작 주를 위해 한 시간도 깨어있지 못했습니다. 그것이 제자들의 수준입니다. 그래서 주를 위해 죽겠다는 결단이 중요한 것이 아닌 것입니다. 주와 함께 깨어서 기도하고, 하나님의 도우심으로 주님 가신 길을 매일 조금씩 따라가는 것이 중요한 것입니다.

예수님은 이렇게 기도하셨습니다. "아빠 아버지여 아버지께서는 모든 것이 가능하오니 이 잔을 내게서 옮기시옵소서 그러나 나의 원대로 마시옵고 아버지의 원대로 하옵소서". 예수님은 자신의 뜻이 이루어지는 것이 아니라 아버지의 뜻이 이루어지기를 기도했습니다. 그것은 아버지 하나님에 대한 전적인 신뢰가 있어서 할 수 있는 기도였습니다. 하나님은 우리보다 옳으십니다. 하나님은 모든 일에 있어 선하십니다. 그러므로 하나님의 뜻에 우리의 생각을 내려놓고 주님이 가신 길을 따라갑시다. 그 길이 편하지 않을 수는 있지만 그 길이 옳은 길입니다. 그 길 끝에서 우리는 주님을 만날 것입니다.

기도

사랑이 많으신 하나님 아버지, 그토록 고민하시면서도 십자가의 길을 포기하지 않으신 주님, 하나님과의 단절이 죽을 만큼 고통스러우셨음에도 그 길을 걸어가주신 주님, 땀방울이 핏방울처럼 변할 때까지 기도하시며 할 수만 있다면 그 길을 피하고 싶었지만 하나님의 뜻대로 십자가를 지고 죽어주신 주님, 감사합니다. 그래서 우리가 살았습니다. 그래서 우리도 하나님을 아빠 아버지라 부를 수 있게 되었습니다. 그래서 우리도 영생을 얻고, 하나님 나라의 거룩한 백성이 되었습니다. 그래서 감사합니다. 사랑이 많으신 하나님 아버지, 우리도 주님 가신 길을 따라가게 하여 주옵소서. 십자가의 길은 죽을 만큼 어렵고 힘든 길이지만, 우리도 하나님께 기도하며, 하나님의 뜻을 따라, 우리 십자가 지고 주님 가신 그 길을 따라가게 하여 주옵소서.

우리는 지금 고난주간을 보내고 있습니다. 주께서 우리를 위해 지신 고난을 묵상하며, 우리도 누군가를 위해 기꺼이 고난받는 자리에 나가게 하여 주옵소서.

코로나19가 아직 진정되지 않았고, 정부에서는 교회를 향해 또다시 2주간 사회적 거리두기에 참여해달라고 요구하고 있습니다. 이번 주일이 부활주일인데, 우리가 모두 모여 하나님을 예배하는 것이 우선인지 아니면 교회가 사회적 책임을 지는 것이 우선인지 또다시 혼란스럽고 어떻게 결정해야 할지 모르겠습니다. 자비하신 아버지, 우리에게 지혜를 주시고, 무엇이 주님께서 기뻐하실 일인지 바로 분별할 수 있게 하여 주옵소서.

이 한 주간 우리가 고난주간으로 보내오니, 우리가 주님과 더욱 친밀한 주간이 되게 하여 주옵소서.

예수 그리스도의 이름으로 기도드리옵나이다. 아멘.

적용 질문

지금까지 가장 간절하게 기도했던 것은 무슨 기도였습니까? 그 기도는 하나님과 어떤 상관이 있었습니까? 하나님께서는 그 기도에 어떻게 응답하셨습니까? 그 응답에 만족하셨습니까?

서른여섯 번째 날

어떻게 살겠습니까

마가복음 14:43-52

샬롬, 오늘은 사순절 서른여섯 번째 날이고 고난주간 두 번째 날입니다. 오늘도 주님과 더불어, 교회와 더불어, 이웃과 더불어 함께 하는 행복한 하루가 되시기 바랍니다.

오늘 읽은 말씀은 마가복음 14:43-52절까지의 말씀입니다.

가룟 유다가 검과 몽치를 들고 예수님을 잡으러 옵니다. 제자 중 한 사람이 칼을 들고 대항했지만 예수님은 그를 말립니다. 그리고 그들에게 잡혀가십니다. 그 모습을 본 한 청년은 벗은 몸으로 도망갑니다. 오늘 말씀은 예수님을 따르는 사람들의 몇 가지 유형을 보여줍니다.

첫째, 가룟 유다와 같은 사람입니다. 가룟 유다는 십자가 대신 검과 몽치를 선택했습니다. 십자가로는 자기의 이상을 이룰 수 없었기 때문입니다. 가룟 유다는 3년 동안 예수님을 따랐습니다. 그 기간 동안 예수님과 함께 먹고 자면서 예수님이 행하시는 모든 일들을 보았습니다. 한때 가룟 유다는 예수님이 이스라엘을 구원할 왕이 되실 것이라고 생각했습니다. 예수님께는 충분히 그럴 만한 능력이 있어 보였습니다. 그런데 예수님께서는 칼을 들지 않으셨습니다. 이스라엘의 힘 있는 사람들과 어울리지도 않으셨습니다. 오히려 대제사장과 서기관과 바리새인들의 심기를 불편하게 하며 그들과 대립하셨습니다. 그리고 자꾸 고난과 죽음에 대해서 말씀하셨습니다. 그렇게 예수님이 가시는 길은 자기가 가고자 하는 길과 달랐습니다. 그래서 가룟 유다는 은 삼십을 받고 예수님을 팔았습니다. 그리고 대제사장들과 서기관들과 장로들에게서 파송된 무리들과 함께 예수님을 잡으러 왔습니다. 그들의 손에는 검과 몽치가 들려 있었습니다. 검과 몽치로 예수님도 잡고, 검과 몽치로 자기들이 원하는 것도 이룰 수 있다고 생각했습니다. 최소한 검과 몽치가 십자가보다는 힘이 있다고 생각했습니다. 그래서 가룟 유다는 예수님을 배반했습니다. 예수님을 버리고, 십자가를 버리고, 검과 몽치를 잡은 것입니다. 가룟 유다는 예수님께 다가와서 입 맞추며 인사했습니다. 보통 입을 맞추며 인사한다는 것은 상대방에 대한 존경과 사랑을 표현하는 행위였습니다. 그러나 가룟 유다에게 있어서 입맞춤은 예수님을 잡기 위한 군호에 지나지 않았습니다. 가룟 유다는 자기의 뜻을 위해 예수님을 배반했습니다.

둘째, 베드로와 같은 사람입니다. 오늘 말씀 중에 칼을 빼어 대제사장의 종을 쳐 그 귀를 떨어뜨린 사람은 시몬 베드로였습니다. 요한복음이 그렇게 기록합니다(요 18:10). 베드로도 십자가 대신 칼을 선택했습니다. 그러나 그가 선택한 칼은 가룟 유다가 선택한 검과 몽치와는 달랐습니다. 가룟 유다는 예수님을 배반하고, 예수님을 잡기 위해 검과 몽치를 들었지만, 베드로는 예수님을 지키기 위해 칼을 들었습니다. 그러나 베드로도 십자가 대신 칼을 선택했다는 점에서 가룟 유다와 같습니다. 베드로는 칼을 들어 예수님을 지키려 했지만, 그는 오히려 예수님의 길을 막았습니다. 베드로는 이전에도 '예수님이 많은 고난을 받고 장로들과 대제사장들과 서기관들에게 버린바 되어 죽임을 당할 것'이라고 했을 때 그 길을 막았던 적이 있습니다(막 8:31-32). 그때 예수님은 베드로를 향해 "사탄아 내 뒤로 물러서라 네가 하나님의 일을 생각하지 아니하고 도리어 사람의 일을 생각하는도다"(막 8:33)라고 꾸짖으셨습니다. 오늘도 마찬가지입니다. 그때나 지금이나 베드로는 예수님을 위해 열정을 냈지만, 그러나 그 열정은 예수님을 가로막고 대적하는 행위였습니다. 베드로는 예수님을 위해 최선을 다했지만 분별없는 최선이 예수님의 길을 막은 것입니다.

셋째, 이것저것 다 안 되니 도망가는 제자들도 있습니다. 그 중 어떤 청년은 옷도 입지 못하고 벗은 몸으로 도망갔습니다. 이들은 적극적으로 예수님을 배반하지도 않았고, 적극적으로 예수님 편에 서지도 않았습니다. 다만 결정적인 순간에 예수님을 버렸습니다. 살기 위해 예수님을 버렸고, 한순간 위기에서 벗어나기 위해 예수님을 버렸습니다. 이들도 십자가를 붙잡지 못했습니다. 이들에게 있어서 십자가는 너무 약하고 무기력했습니다.

넷째, 어떤 경우에도 성경을 이루는 자가 있습니다. 바로 예수님이십니다. 예수님은 자신을 잡으려는 무리들에게 대항하지 않으셨습니다. 예수님은 자기를 버리고 도망가는 제자들을 탓하지도 않으셨습니다. 오히려 예수님은 자기를 잡으려는 무리들에게 자신을 내어주셨습니다. 그렇게 함으로써 예수님은 성경을 이루셨습니다. 가룟 유다는 검과 몽치로 예수님을 잡았다고 생각할 수 있습니다. 베드로는 자기의 검으로 예수님을 지킬 수 있다고 생각했을지 모릅니다. 다른 제자들은 또 다른 방법으로 예수님을 생각했을 것입니다. 그러나 예수님이 무리들에게 잡히시는 것도, 또는 십자가 위에서 죽으시는 것도, 모두 성경을 이루기 위해 예수님이 선택하고 걸으시는 길입니다. 예수님은 성경대로 이 땅에 오셨고, 성경대로 죽으시고 부활하셨습니다. 예수님은 겟세마네 동산에서 기도하실 때도 '나의 원대로 마시옵고 아버지의 원대로 하옵소서'라고 하셨습니다. 그게 예수님이 걸으시는 길이었습니다.

우리는 모두 가룟 유다처럼 예수님을 배반할 수도 있고, 베드로처럼 분별 없는 열심으로 예수님의 길을 막아설 수도 있고, 크고 작은 일들에 실망해서 예수님을 버리고 도망갈 수도 있고, 아니면 예수님처럼 성경을 이루는 삶을 살 수도 있습니다. 오늘 우리는 어떤 모습일까요? 오늘 여러분은 어떤 삶을 사시겠습니까?

기도

사랑이 많으신 하나님 아버지, 벌써 사순절의 마지막 주간을 시작했습니다. 우리는 그동안 사순절을 보내며 주님처럼 살아보고, 주님 가신 길을 따라가겠다고 다짐했는데, 그런데 우리는 짧은 기간 동안에도 주님을 배반하기도 했고, 우리의 열정으로 주님의 길을 막아서기도 했고, 또는 이런저런 이유로 주님을 버리고 도망가기도 했습니다. 우리는 항상 성경을 이루는 삶을 살고 싶은데 그게 우리 뜻대로 되지를 않습니다. 사랑이 많으신 하나님 아버지, 우리를 도와주시옵소서. 우리가 이 한 주를 주님의 뜻을 이루며 살게 하여 주옵소서. 우리가 하는 모든 일들이 하나님 안에서 합력하여 선을 이루게 하여 주옵소서

예수님의 이름으로 기도드리옵나이다. 아멘.

적용 질문

가룟 유다의 손에 들린 검과 뭉치, 그리고 베드로의 손에 들린 칼은 어떤 차이가 있습니까? 가룟 유다의 손에 들린 검과 뭉치, 그리고 베드로의 손에 들린 칼의 공통점은 무엇입니까? 우리의 손에 들린 것은 무엇입니까?

서른일곱 번째 날

돌아볼 말씀이 있습니까?

마가복음 14:53-72

그리스도의 평화가 여러분 모두와 함께하시기를 바랍니다. 오늘은 사순절 서른일곱 번째 날이고 고난주간 세 번째 날입니다. 오늘도 주님과 더불어, 교회와 더불어, 이웃과 더불어 함께하는 행복한 하루가 되시기 바랍니다.

오늘은 마가복음 14:53-72절까지의 말씀을 읽었습니다.

불법적으로 연행된 예수님은 불법적인 재판을 받으십니다. 한밤중에 예수님을 연행한 대제사장의 무리들은 한밤중에 예수님을 죽이기 위한 재판을 진행했습니다. 공회의 법에 의하면 한밤중에는 사형에 해당하는 재판을 열지 못하도록 되어 있습니다. 그러나 대제사장들과 장로들과 서기관들은 거기에 구애받지 않았습니다. 그들은 예수님을 죽일 증거를 찾기 위해 거짓 증인들을 불러모았습니다. 그들의 목적은 오로지 예수님을 죽이는 데 있었습니다. 사실 대제사장과 서기관과 장로들은 가장 종교적인 사람들입니다. 그들은 가장 가까이서 하나님을 섬기는 자들입니다. 그러나 그들이 오히려 그리스도로 오신 예수님을 죽이는 일에 앞장섭니다. 이 일을 위해 불법도 서슴지 않고, 거짓말도 마다하지 않습니다. 그들은 이미 오래전부터 예수님을 죽이고자 했고 마침내 그 일을 실행에 옮기고 있습니다.

이들과 같은 모습을 예수님의 제자들에게서도 발견합니다. 대제사장과 장로들과 서기관들이 예수님을 죽이기 위해 예수님을 따랐다면, 예수님의 제자들은 높은 자리에 오르기 위해 예수님을 따랐습니다. 그들 중 하나는 주의 우편에 하나는 주의 좌편에 있기를 원했습니다. 다른 제자들도 왕이신 예수님과 함께 이스라엘을 다스리고 싶었습니다. 제자들은 그런 목적으로 예수님을 따랐고, 예수님을 통해 그런 목적을 이룰 수 없게 되자 모두 예수님을 버리고 도망갔습니다. 대제사장들이나 장로들이나 서기관들도, 그리고 예수님의 제자들도 모두 자기들의 목적만 있었지 그리스도이신 예수님에게는 관심이 없었습니다. 그분이 무엇을 말씀하시고 가르치셨는지, 그분은 왜 그토록 많은 이적을 행하셨는지, 그분이 사랑하여 함께한 사람은 누구고, 그분은 어느 길을 가셨는지, 이들은 아무 관심도 없었습니다. 이들에게는 오로지 자기들이 이루고 싶은 목적만 중요했습니다.

우리가 이들처럼 실수하지 않기 위해서는 예수님께 관심이 있어야 합니다. 예수님은 어떤 분이신지, 그분은 우리에게 무엇을 말씀하셨고, 무엇을 이루고자 하셨는지, 그분은 우리에게 무엇을 명령하셨는지, 그리고 무엇을 약속하셨는지… 이런 것에 관심이 있어야 합니다. 그러기 위해 매일 성경을 읽고 묵상해야 하고 때로는 암송도 해야 합니다. 주의해서 설교를 들어야 하고, 그 설교를 치열하게 삶에 적용해야 합니다. 그래야 예수님의 길을 오해하지 않고, 대제사장들이나 서기관들이나 장로들이나 제자들과 같은 실수를 범하지 않을 수 있습니다.

예수님 말씀대로 베드로는 닭이 두 번 울기 전 예수님을 모른다고 세 번 부인합니다. 베드로는 주를 위해 죽겠다고 결심했지만 그의 현실은 아무것도 아닌 여종 앞에서 예수님을 부인하는 것이었습니다. 그게 베드로의 수준입니다. 베드로가 그 정도 수준이라면 우리의 수준은 말할 것도 없을 것입니다. 신앙은 우리의 의지와 결단으로 유지되지 않습니다. 우리의 의지와 결단은 상황에 따라 수시로 변하기 때문입니다. 그러므로 삶이 힘들고 믿음이 연약해질 때 자꾸 새로운 결단만 하려고 하지 마십시오. 이전보다 더 강력한 결단으로 하나님께 나가려 하지 마십시오. 오히려 자신의 연약함과 한계를 인정하고 하나님 앞으로 나오십시오. 그리고 하나님의 도우심을 구하십시오. 하나님 앞에 자신의 무기력을 인정하는 게 주를 위해 죽을 수 있다고 장담하는 것보다 훨씬 더 강력한 힘이 될 것입니다.

베드로가 세 번째로 주를 부인하자 곧 두 번째로 닭이 울었습니다. 닭 우는 소리를 듣고 베드로는 주님의 말씀을 기억했습니다. 그리고 울었습니다. 우리는 시험에 들 수도 있고 어느 부분에 걸려 넘어질 수도 있습니다. 생각보다 큰 죄를 짓고 그래서 크게 절망할 수도 있습니다. 여러분은 그때 돌아볼 말씀이 있습니까?

사랑하는 성도 여러분! 지금 여러분이 어떤 시험에 들었고, 어떤 일에 주저앉았고, 어떤 일에 힘이 들어도 그 일에 매이지 마십시오. 어차피 우리의 수준은 그 정도밖에 되지 않습니다. 그러므로 지금 여러분을 아프고 힘들게 하는 일 대신 하나님의 말씀을 붙잡으십시오. 그동안 읽고 묵상했던 말씀들을 생각하시고, 은혜받았던 말씀들을 떠올리시고, 하나님께서 약속해 주신 말씀들을 기억해내십시오. 만일 떠오르는 말씀이 없다면 하나님께 말씀을 부어달라고 기도하십시오. 그리고 주신 말씀 의지해서 다시 일어서십시오. 우리의 약함은 문제가 되지 않습니다. 문제는 매일 하나님의 말씀을 보면서도 그 말씀으로 인해 살아나지 못하는 우리의 무감각함입니다. 그런 의미에서 닭 우는 소리를 듣고 예수님의 말씀을 기억해낸 베드로는 얼마나 믿음이 큰 사람입니까?

기도

사랑이 많으신 하나님 아버지, 우리에게 하나님의 말씀을 부어주옵소서. 하나님의 말씀은 살아있고 활력이 있어 좌우에 날 선 어떤 검보다도 예리하여 우리의 혼과 영과 및 관절과 골수를 찔러 쪼개기까지 하며 또 마음의 생각과 뜻을 판단한다고 하셨으니 우리들 속에서 하나님의 말씀이 항상 살아계시도록 하시고 우리를 다스려 주옵소서. 우리가 연약할 때, 시험에 들 때, 갈 바를 알지 못할 때, 그때마다 하나님의 말씀이 우리 발에 등이 되고 우리 길에 빛이 되어 주옵소서.

자비로우신 하나님 아버지, 이 시간 몸이 아파 병중에 있는 사랑하는 지체들을 기억하여 주옵소서. 주님의 손으로 연약한 부분을 만져 주시고, 성령의 기름부으심으로 고쳐 주옵소서. 이 시간 마음이 힘들고 불편해서 깊은 잠에 들지 못하는 지체들도 기억해 주옵소서. 그 마음을 평강으로 인도하시고, 우리의 아버지이신 하나님 품 안에서 안식하며 매일 밤 깊은 잠에 들게 하여 주옵소서. 그리고 매일 아침 부활하신 주님과 함께 영광의 새 날을 맞이하게 하여 주옵소서.

고난주간에도 교회에 모여 기도하지 못하는 우리의 형편을 긍휼히 여기셔서 어려운 시절이 속히 지나가게 하시고, 우리가 일상의 행복을 되찾게 하여 주옵소서. 우리가 모르는 어려움으로 인해 고통당하는 자들에게 주님의 도우심을 베풀어 주옵소서.

예수 그리스도의 이름으로 기도드리옵나이다. 아멘.

적용 질문

좋아하는 성경 말씀이 있습니까? 어려운 순간에 힘이 되는 성경 말씀이 있습니까? 하루에 성경 말씀을 몇 번이나 떠올리며 생각합니까?

서른여덟 번째 날

고난과 죽음은 사랑입니다

마가복음 15:1–15

그리스도의 평화가 여러분 모두와 함께하시기를 바랍니다. 오늘은 사순절 서른여덟 번째 날이고 고난주간 네 번째 날입니다. 오늘도 주님과 더불어, 교회와 더불어, 이웃과 더불어 함께하는 행복한 하루가 되시기 바랍니다.

오늘은 마가복음 15:1-15절까지의 말씀을 읽었습니다.

대제사장의 뜰에서 재판받으신 예수님은 그날 새벽에 결박된 채로 빌라도에게 넘겨집니다. 대제사장의 무리들은 예수님이 사형을 받아야 한다고 했습니다. 왜냐하면 예수님은 스스로를 하나님의 아들이라 하면서 신성을 모독했기 때문입니다. 유대의 종교법에 의하면 하나님을 모독한 자는 죽여야 했습니다. 그러나 대제사장의 무리들은 예수님을 빌라도의 법정에 세울 때 신성모독죄로 세우지 않았습니다. 왜냐하면 신성모독은 유대인의 종교에 관한 것으로 로마 정부에서 크게 관여할 일이 아니기 때문입니다. 신성을 모독했다는 이유로 로마의 재판이 예수님을 죽이지는 않을 것입니다. 그래서 대제사장의 무리들은 예수님을 빌라도의 법정에 세울 때 정치적인 문제를 거론합니다. 바로 예수님이 스스로 유대인의 왕임을 자처했다는 것입니다. 유대의 왕은 로마 정부에서 세우게 되어 있습니다. 이스라엘은 로마에 지배되어 있기 때문입니다. 그런데 만일 스스로 유대의 왕임을 자처하는 자가 있다면 그는 로마에 반역하는 것이고, 그런 사람은 당연히 로마의 법정에서 사형에 처할 수 있었습니다. 대제사장의 무리들은 이미 진실에는 관심이 없습니다. 그들은 오로지 예수님을 죽이는 일에만 관심이 있습니다. 예수님을 죽이기 위해 불법도 서슴지 않고, 거짓도 마다하지 않습니다. 왜냐하면 예수님을 죽여야 자신들의 기득권이 유지될 수 있기 때문입니다. 대제사장과 서기관과 장로들은 하나님을 가장 가까이서 예배하는 자들이지만 그들은 하나님과 가장 관계없는 일들을 하고 있습니다.

빌라도가 예수님을 재판했습니다. 빌라도는 예수님에게 죄가 없다는 것을 알았습니다. 빌라도는 대제사장의 무리들이 예수님을 시기해서 죽이려 한다는 것도 알았습니다. 그러나 빌라도는 예수님을 사형에 처했습니다. 빌라도는 대제사장의 무리들과 대립하는 것을 원치 않았고, 무엇보다 예수님을 죽이라고 소리지르는 사람들에게 만족을 주고 싶었습니다. 그래서 빌라도의 재판은 공정하지 않습니다. 빌라도는 재판을 통해 정의를 이룬 것이 아니라, 자기의 유익을 위해 재판을 이용했습니다. 그 결과 빌라도는 예수님을 죽인

자라는 오명을 지금까지 받고 있습니다. 빌라도가 예수님을 재판한 지 2천 년이 지났지만 사람들은 아직도 빌라도가 예수님을 죽였다고 말합니다. 우리가 모일 때마다 고백하는 신앙고백도 '(예수님께서) 본디오 빌라도에게 고난을 받아 십자가에 못 박혀 죽으시고'라고 합니다. 얼마나 불명예스러운 일인지 모릅니다. 빌라도는 예수님을 십자가에 내어줌으로 당시 사람들을 만족시켰을 수 있지만, 예수님을 죽인 자라는 불명예를 인류의 역사가 끝나는 날까지 짊어지게 되었습니다.

다수의 무리들은 예수님을 죽이라고 소리쳤습니다. 그들은 대제사장들에게 충동된 자들입니다. 그러므로 예수님을 죽이라고 소리치는 사람들 중 대다수는 예수님을 왜 죽여야 하는지도 몰랐을 것입니다. 그들은 예수님이 보리떡을 나눠주면 예수님을 왕으로 세워야 한다고 소리쳤습니다. 그러다 대제사장들이 충동질하면 금방 돌아서서 예수를 죽여야 한다고 소리쳤습니다. 그들은 줏대 없이 우왕좌왕, 갈팡질팡했습니다. 그런데 그들의 그런 모습이 예수님을 죽이는 데 크게 일조했습니다. 빌라도는 그들을 만족시키려 했고, 마태복음 27장에 보면 빌라도는 그들이 민란을 일으킬 것을 염려했습니다. 그래서 빌라도는 예수님을 십자가에 죽이라는 판결을 내렸습니다.

그렇게 예수님은 죽었습니다. 대제사장과 장로들과 서기관들의 이기심으로 죽었고, 빌라도의 오만함으로 죽었고, 줏대 없는 무리들의 아우성으로 죽었습니다. 그러나 예수님이 죽으시자 산 사람이 생겼습니다. 오늘 말씀에서는 바라바가 살았습니다. 바라바는 민란을 꾸미고 살인하는 일에 관계된 범죄자였습니다. 그는 마땅히 죽어야 할 자였습니다. 그런데 예수님이 죽고 그가 살았습니다. 예수님이 죽으심으로 산 자는 바라바만이 아닙니다. 예수님이 죽으심으로 오늘 우리도 살았습니다. 우리는 예수님이 죽으셔야만 살 수 있는 자들이었고, 그래서 예수님은 처음부터 끝까지 죽기 위한 길을 걸으셨습니다.

우리는 지금 고난주간을 보내고 있습니다. 예수님의 고난과 죽으심을 생각하면 우리 마음이 아픕니다. 그러나 우리는 이 주간에 예수님의 사랑을 묵상하며 감사합니다. 예수님이 고난받으시고 죽으신 것은 모두 우리를 향한 사랑이었습니다. 우리를 사랑하셨기에 고난받으셨고, 우리를 사랑하셨기에 죽으셨습니다. 그래서 감사합니다. 그러므로 오늘 죽기까지 우리를 사랑하는 예수님의 사랑에 감사하며 값진 하루를 살아갑시다. 주께서 생명을 버려 우리를 살리셨으니 땅에서의 하루하루도 그 사랑에 걸맞게 살아가는 것이 우리의 책임입니다.

기도

사랑이 많으신 하나님 아버지, 우리를 위해 고난받으시고 죽음조차 마다하지 않으신 주님 감사합니다. 주님의 고난과 죽으심은 모두 우리를 향한 사랑이었습니다. 세상 어느 누가 우리를 그렇게 사랑해 주겠습니까? 사람들은 아주 작은 것 하나라도 손해보지 않으려고 합니다. 자기 것을 빼앗기지 않으려 하고, 우리 것을 빼앗으려는 사람들도 많습니다. 그런데 주님께서는 우리에게 모든 것을 다 주셨고, 생명까지 주셨습니다. 십자가를 지시며 아버지 하나님과 단절되는 것이 두려워 할 수만 있다면 그 잔을 피하고 싶으셨지만, 아버지의 뜻을 따라 기꺼이 십자가를 지셨고, 우리를 향한 사랑을 포기하지 않으셨습니다. 그래서 감사합니다. 그런데 사실 우리는 하나님의 그 크신 사랑을 아직도 이해할 수가 없습니다. 우리가 사랑할 수 있는 수준과는 너무 다른 사랑이라 우리는 하나님의 놀라우신 사랑을 힘입었으면서도 그 사랑을 이해하지 못하고, 그래서 우리는 수도 없이 주님을 배반하고 부인하고 주님을 죽이라고 소리치며 그렇게 살아갑니다. 보리떡 한 덩어리라도 손에 쥐면 주를 높이다가도, 우리에게 조금만 손해가 와도 금방 돌아서서 주님을 원망하고 불평하며 우리는 그렇게 살아갑니다. 하나님 아버지, 우리를 용서해 주옵소서. 우리가 하나님의 사랑을 다 이해할 수는 없지만, 그래도 하나님 사랑 안에서 감사하며 살게 하여 주옵소서.

오늘도 이 땅의 고통당하는 모든 이들에게 주님의 은총과 평화를 내려 주옵소서. 개학을 준비 중인 우리 학생과 교사들에게 주님의 지혜를 더하여 주시고, 바뀐 환경에 잘 적응하며, 생각보다 좋은 결과를 얻게 하여 주옵소서. 오늘 병원에 입원하는 조은찬 어린이를 기억하시고, 치료 잘 받고 건강하게 퇴원해서, 이전보다 훨씬 더 편하고 만족스런 삶을 살게 하여 주옵소서. 은찬이를 돌보는 손길들이 조금도 실수하지 않게 주께서 붙잡아 주옵소서.

예수 그리스도의 이름으로 기도드리옵나이다. 아멘.

적용 질문

우리가 예수님께 나오는 이유는 무엇입니까? 우리가 예수님께 시험이 드는 이유는 또 무엇입니까? 우리 믿음의 중심에는 무엇이 있습니까? 예수님의 죽으심에 우리는 아무 책임이 없습니까?

서른아홉 번째 날

조롱과 핍박을 견디십시오

마가복음 15:16-32

그리스도의 평화가 여러분 모두와 함께하시기를 바랍니다. 오늘은 사순절 서른아홉 번째 날이고 고난주간 다섯 번째 날입니다. 오늘도 주님과 더불어, 교회와 더불어, 이웃과 더불어 함께하는 행복한 하루가 되시기 바랍니다.

오늘은 마가복음 15:16-32절까지의 말씀을 읽었습니다.

빌라도의 법정에서 사형 선고를 받으신 예수님은 바로 십자가를 지고 골고다 언덕길을 오르십니다. 그리고 그곳에서 십자가에 매달리십니다. 사람들은 예수님을 조롱하고 핍박했습니다. 로마의 군인들은 예수님을 모욕했습니다. 그들은 예수님에게 자색 옷을 입히고 가시관을 씌웠습니다. 그리고 갈대로 머리를 치고 침을 뱉으며 희롱했습니다. 그들은 예수님을 십자가에 못 박은 후 몰약을 탄 포도주를 주었고, 예수님이 입으셨던 옷을 제비뽑으며 예수님을 욕보였습니다. 지나가는 사람들도 머리를 흔들며 예수님을 모욕했습니다. "아하 성전을 헐고 사흘에 짓는다는 자여 네가 너를 구원하여 십자가에서 내려오라". 대제사장과 서기관들도 예수님을 희롱했습니다. "그가 남은 구원하였으되 자기는 구원할 수 없도다 이스라엘의 왕 그리스도가 지금 십자가에서 내려와 우리가 보고 믿게 할지어다". 심지어는 예수님과 함께 십자가에 못 박힌 강도들도 예수님을 욕했습니다. "네가 그리스도가 아니냐 너와 우리를 구원하라" (눅 23:39). 사람들은 끊임없이 예수님을 조롱했습니다. 그러나 예수님은 그들에게 아무런 반응도 보이지 않으셨습니다. 예수님은 그들의 조롱을 모두 받으셨고, 수치와 모멸감을 참으셨습니다. 예수님은 사람들 앞에 억울함을 호소하지도 않으셨고, 사람들을 겁박하며 자신의 능력을 드러내지도 않으셨습니다. 그렇게 예수님은 묵묵히 십자가를 지셨습니다.

요즘 교회를 조롱하는 소리가 많습니다. 목사와 성도들을 비웃는 소리도 많습니다. 그런 소리를 들을 때마다 마음이 아픕니다. 그러나 그런 소리에 너무 민감하게 반응하지 마십시오. 우리가 잘못하지 않았음을 확인시키려 너무 애쓰지도 마십시오. 때로는 묵묵히 비난과 조롱을 감당하는 것이 필요합니다. 예수님은 아무런 죄가 없으셨어도 그런 비난을 받으셨는데, 수많은 실수와 잘못을 저지른 교회와 성도들이 무슨 할 말이 있겠습니까? 지금은 우리가 옳고 그름을 따지며 싸울 때가 아닙니다. 지금은 우리가 우리를 향한 세상의 질타와 비난을 묵묵히, 그리고 겸손하게 감당할 때입니다.

오늘은 예수님께서 십자가 위에서 죽으신 성금요일입니다. 예수님은 십자가 위에 오전 9시부터 오후 3시까지 6시간을 매달려 있었습니다. 그 시간 동안 예수님은 서서히 죽으셨습니다. 하나님은 십자가 위의 예수님을 버리셨고, 사람들은 끊임없이 예수님을 비난하며 조롱했습니다. 예수님은 십자가 위에서 그 모든 것을 감당하며 견디셨습니다. 그것이 우리를 사랑하시는 예수님의 방법이었고, 우리를 구원하시는 유일한 길이었습니다. 예수님은 혈기를 부리며 십자가를 박차고 내려오지 않으셨습니다. 예수님은 자신의 힘을 과시하며 자신을 조롱하는 사람들을 공격하지도 않으셨습니다. 예수님은 가장 무기력한 자의 모습으로 십자가를 견디셨고, 그 위에서 죽으셨습니다. 그렇게 우리를 사랑해주셨고, 그렇게 우리를 구원해주셨습니다.

오늘 그 십자가를 묵상합니다. 죽음이 있기에 부활이 있습니다. 십자가가 있기에 영광이 있습니다. 같은 의미로, 죽지 않고는 부활도 없습니다. 십자가가 없으면 영광도 없습니다. 그러므로 부활을 소망한다면 먼저 죽어야 합니다. 영광스런 순간을 바라본다면 먼저 십자가를 져야 합니다. 지금은 우리가 죽어야 할 때고, 십자가를 져야 할 때입니다.

기도

사랑이 많으신 하나님 아버지, 주님께서 지신 십자가를 묵상하며 오늘 우리는 어떤 십자가를 어떻게 져야 하는지 고민합니다. 누구든지 나를 따라오려거든 자기를 부인하고 자기 십자가를 지고 나를 따를 것이라고 하셨는데 우리는 우리의 십자가가 무엇인지도 모른 채 살아왔습니다. 자기를 부인하기보다는 자기를 드러내고 증명하기 위해 안달하며 살아왔습니다. 입술로는 항상 주님을 따랐지만, 삶은 주님에게서 멀었습니다. 사랑이 많으신 하나님 아버지, 우리의 연약함을 용서하시고 우리를 긍휼히 여겨 주옵소서. 우리의 결단만으로는 주님 가신 길 따라갈 수 없사오니, 주님의 영으로 우리와 함께하시며, 우리가 가는 길을 인도하여 주옵소서.

지금 교회는 세상의 조롱거리가 되어 있습니다. 세상은 교회에 적대적이고, 성도들의 말을 믿어주지 않습니다. 이것이 의를 위한 핍박이라면 감사하겠는데 그렇지도 못합니다. 그동안 교회는 세상을 돌아보지 못했고, 주님처럼 낮은 자리에서 사람들을 섬기지도 못했습니다. 어느새 교회는 세상의 기득권이 되었고, 한 번 잡은 기득권을 놓치지 않으려고 주님과 다른 길을 걷기도 하였습니다. 사랑이 많으신 하나님 아버지, 우리의 연약함을 용서하여 주옵소서. 이제 교회가 제 길을 찾게 하여 주시고, 주님과 같은 길을 걷게 하여 주옵소서. 오늘 하루도 우리가 주님 주시는 마음으로 주님처럼 살게 하여 주옵소서.

예수 그리스도의 이름으로 기도드리옵나이다. 아멘.

적용 질문

교회를 향한 사람들의 비난에 대해 어떻게 생각합니까? 사람들은 왜 교회를 비난하는 것일까요? 사람들은 지금 교회의 어떤 면을 비난하고 있습니까? 사람들의 비난에 대해 교회는 잘 대응하고 있습니까? 사람들의 비난에 대해 교회가 어떻게 대응해야 한다고 생각합니까?

마흔 번째 날

단절된 두려움

마가복음 15:33-47

그리스도의 평화가 여러분 모두와 함께하시기를 바랍니다. 오늘은 사순절 마지막 날입니다. 내일이 부활주일입니다. 오늘도 주님과 더불어, 교회와 더불어, 이웃과 더불어 함께하는 행복한 하루가 되시기 바랍니다.

오늘은 마가복음 15:33-47절 말씀까지 읽었습니다.

제 삼시, 우리 시간으로 오전 9시에 예수님이 십자가에 못 박히셨습니다. 그리고 제 육시, 우리 시간으로 오후 12시에 온 땅에 어둠이 임했습니다. 온 땅에 어둠이 임했다는 것은 하나님이 예수님을 외면하셨다는 것이고, 하나님의 심판이 온 땅에 임했다는 것이기도 합니다. 그 어둠 속에 예수님이 홀로 십자가 위에 높이 달려 계십니다. 사랑하는 제자들에게조차 버림받은 외로움, 아버지 하나님과의 관계가 완전히 단절된 두려움, 그 속에서 예수님이 크게 소리 지르십니다. '엘리 엘리 라마 사박다니'. 이 말은 '나의 하나님 나의 하나님 어찌하여 나를 버리셨나이까'라는 뜻입니다. 하나님이 예수님을 버리셨습니다. 예수님은 겟세마네 동산에서 기도하실 때부터 이 일이 두려웠습니다. 그래서 할 수만 있다면 이 잔을 내게서 옮겨 달라고 세 번이나 반복해서 기도하셨습니다. 그러나 예수님은 아버지의 뜻대로 십자가를 지셨고, 그 위에서 우리를 대신해서 심판받으셨습니다. 하나님은 우리를 대신해 죄인이 되신 예수님을 철저히 심판했고, 예수님은 그 심판을 견디셨습니다.

무엇이 심판일까요? 하나님과 관계가 단절되는 것이 심판입니다. 더 이상 하나님이 함께하지 않으시는 것이 심판입니다. 더 이상 하나님이 우리 삶에 간섭하지 않으시는 것이 심판입니다. 예수님은 그 심판을 두려워하셨습니다. 하나님을 더 이상 아버지라 부를 수 없고, 하나님이 더 이상 돌아보지 않으시는 상황을 두려워하셨습니다.

여러분은 하나님과의 관계가 단절되는 것을 두려워해본 적이 있습니까? 어떤 사람들은 수중에 돈이 떨어지는 것을 두려워합니다. 돈이 없으면 살 수 없기 때문입니다. 어떤 사람은 건강을 잃는 것을 두려워합니다. 돈을 잃으면 일부를 잃은 것이지만 건강을 잃으면 전부를 잃은 것이기 때문입니다. 어떤 사람은 자존심이 꺾이는 것을 두려워하고, 어떤 사람은 가족과 헤어지는 것을 두려워합니다. 그러나 하나님과의 관계가 단절되는 것을 두려워하는 사람은 많지 않습니다. 하나님과의 관계가 단절돼도 당장 사는 데는 지장이 없기 때문입니다. 그러나 하나님과의 관계가 단절되는 것이야말로 두려운 일입니다. 왜냐하면 그것이 곧 하나님의 심판이기 때문입니다.

예수님은 제 구시, 우리 시간으로 오후 3시에 죽으셨습니다. 십자가에 달린 지 6시간 만에 죽으신 것입니다. 많은 사람들은 마지막 순간까지 예수님이 기적을 행하시며 왕이 되실 것을 기대했지만, 예수님은 끝내 십자가 위에서 죽으셨습니다. 예수님은 그렇게 하나님의 뜻을 이루셨고, 그렇게 우리를 구원하셨습니다. 그래서 우리는 예수님이 죽으신 것이 감사합니다. 예수님이 죽으심으로 우리가 살았기 때문입니다.

예수님이 죽으실 때 성소의 휘장이 위로부터 아래까지 찢어졌습니다. 비로소 우리가 하나님께 나갈 길이 열린 것입니다. 우리는 언제든지 예수 그리스도의 이름으로 하나님 앞에 설 수 있게 되었습니다. 우리 죄는 사해졌고, 하나님은 우리를 거룩하다고 인정해주셨습니다. 주님의 보혈이 우리의 죄를 모두 씻어주셨기 때문입니다. 그러므로 하나님 앞으로 오십시오. 하나님 앞으로 나와 하나님의 은혜와 도움을 구하십시오. 우리에게는 그럴 자격이 있습니다.

그동안 사순절을 보내며 수고하셨습니다. 예수 그리스도께서 고난받으시고 죽으셨습니다. 그러나 그것이 끝이 아닙니다. 예수님은 그가 말씀하신 대로 부활하실 것입니다. 그리고 우리의 구원을 완성하실 것입니다. 예수 그리스도의 부활! 그것이 우리의 소망입니다. 우리도 예수님처럼 부활할 것입니다. 이제 우리는 예수 그리스도의 부활을 소망하며 오늘 하루를 보냅시다. 그리고 부활의 영광을 땅끝까지 전하며 앞으로 남은 우리의 삶을 살아갑시다. 주께서 우리와 함께하십니다.

기도

사랑이 많으신 하나님 아버지, 지난 사순절 동안 마가복음 말씀을 묵상하면서 우리 가족이 매일 모여 하나님을 예배하게 하셔서 감사합니다. 우리가 피곤할 때도 있었고, 마음이 상할 때도 있었고, 많이 바쁘고 분주할 때도 있었지만, 그래도 우리 가족이 포기하지 않고 매일 하나님을 예배하게 하셔서 감사합니다. 이제 우리가 예배의 감격과 은혜를 가지고 남은 삶을 살게 하여 주옵소서. 우리가 항상 주님과 같은 길을 가게 도와주시고, 우리의 관심이 항상 주님의 눈길이 머무는 곳에 있을 수 있게 하여 주옵소서. 우리가 가는 이 길 끝에서 주님을 보게 하시고, 주님과 함께 영생하게 하여 주옵소서.

우리의 부활을 소망하고, 주님의 재림을 기다리며 예수 그리스도의 이름으로 기도드리옵나이다. 아멘.

적용 질문

예수님은 하나님과의 단절을 두려워하셨습니다. 우리가 정말 두려워하는 것은 무엇입니까?

마가복음 말씀을 묵상하며 새롭게 알게 된 사실이나 특별히 받은 은혜의 말씀이 있습니까? 함께 나누어 봅시다.

부활주일

들어야 믿을 수 있습니다

마가복음 16:1-8

할렐루야! 오늘 함께 부활절 예배를 드리는 교우들을 환영하고 축복합니다. 오늘 우리가 예배당에 모여서 하나님을 예배하지는 못하지만 온라인을 통해 여러분과 함께 실시간으로 예배드릴 수 있어서 감사합니다. 여러분이 하나님을 예배하기 위해 모인 그곳이 바로 교회입니다. 오늘도 우리가 각처에서 드리는 예배를 통해 하나님이 영광받으시고 우리에게는 은혜가 넘치는 시간이 되기를 바랍니다.

우리는 지난 40일을 사순절 기간으로 보냈습니다. 예전처럼 특별새벽기도로 모이거나 그 외에 다른 활동들은 하지 못했지만 그래도 지난 40일 동안 매일 여러분과 함께 가정 예배를 드릴 수 있어서 감사했습니다. 저는 여러분이 매일 가정 예배를 드릴 수 있도록 예배의 전 과정을 음성 파일로 만들어서 여러분에게 드렸는데 그 과정이 힘들기는 했지만 나름 은혜도 있었고 재미도 있었습니다.

특히 40일 동안 여러분과 함께 마가복음 말씀을 묵상하면서 나눈 시간들은 참 좋았습니다.

저는 이번에 마가복음 말씀을 보면서 예수님께서 가시는 길과 우리가 가는 길이 참 다르다는 생각을 많이 했습니다. 사실 우리만 그런 것이 아니라 제자들도 그랬습니다. 대제사장들과 서기관들과 장로들도 그랬고, 순간순간 예수님을 향해 환호하며 예수님을 왕으로 세우고자 했던 사람들도 모두 그랬습니다. 그러고 보니 예나 지금이나 주를 따르겠다는 사람들이 대부분 주님과는 다른 길에 서 있습니다. 주님과 다른 길에 서 있으면서 주님을 따르겠다고 하니 이게 참 우스운 일입니다.

아무튼 그러니 예수님께서는 얼마나 외로우셨을까 하는 생각이 많이 듭니다.

마가복음에 등장하는 사람들은 대부분 예수님을 목적이 아니라 수단으로 대했습니다. 그들은 예수님을 이스라엘의 왕으로 세워드리겠다고 했지만 그 속셈은 자기들도 예수님과 함께 높아져서 이스라엘을 다스리고 싶다는 욕심이었습니다. 그런 이유로 어떤 사람은 예수님께 빵을 원했고, 어떤 사람은 정치적인 자리를 원했습니다. 그런데 사람들의 기대와는 달리 예수님은 계속해서 고난과 조롱과 죽음의 길을 가셨습니다. 결국 예수님을 통해 아무것도 얻을 것이 없다는 것을 알게 된 사람들은 예수님을 죽이는 데 앞장서게 되었습니다. 예수님의 제자 중 하나였던 가룟 유다는 은 삼십에 예수님을 팔았고 나머지 제자들은 모두 예수님을 버리고 도망갔습니다. 당시의 종교 지도자들이었던 대제사장과 서기관과 장로들은 사람들을 충동해서 예수님을 죽이는 재판을 했고, 대다수의 사람들은 예수님을 왜 죽여야 하는지도 모르는 채 예수님을 죽이라고 소리치는 자들이 되었습니다. 그 결과 예수님은 빌라도의 법정에서 사형이 선고되셨고, 십자가에 매달려 6시간 만에 죽으셨습니다. 그리고 아리마대 사람 요셉이 준비한 새 무덤에 장사되었습니다.

어떻게 보면 이렇게 허무할 수가 없습니다. 병든 자를 고치시고, 물 위를 걸으시며, 풍랑을 향해 명령하셔서 잔잔케 하시던 예수님, 죽은 나사로를 살리시고, 예루살렘 성전에서 장사하는 자들을 내쫓으시며, 보리떡 다섯 개와 물고기 두 마리로 오천 명을 먹이시던 예수님이 어떻게 이렇게 허무하게 죽으실 수가 있습니까?

예수님이 죽으시자 제자들은 뿔뿔이 흩어졌습니다. 제자들 중 어느 누구도 예수님의 부활을 기대하지 않았습니다. 오늘 본문에서 여자들이 예수님의 무덤을 찾아가는데 그들이 예수님의 무덤을 찾아간 것은 죽은 예수님의 몸에 향품을 바르기 위해서였습니다. 그러니 그들도 부활하신 예수님이 아니라 죽어서 시체가 된 예수님을 찾아간 것입니다. 그러다 보니 부활하신 예수님의 소식을 제일 처음으로 들었음에도 불구하고 그들은 기뻐한 것이 아니라 무서워 떨면서 도망갔습니다. 나머지 제자들도 예수님이 부활하셨다는 말을 들었지만 믿지 않았습니다. 제자들 중 어느 누구도 예수님이 부활하실 것이라고 기대하지 않고 있는 것입니다.

오늘 우리는 마가복음의 마지막 장인 16장 말씀을 읽었습니다. 마가복음 16장 말씀에 대해서는 몇 가지 논란이 있습니다. 특히 마가가 마가복음을 어디까지 기록했는가 하는 논란이 있습니다.

마가복음 16:9절 앞에 보면 숫자 2가 있고, 그 아래에 보면 숫자 2에 대한 설명이 있습니다. 성경에 따라서는 'ㄴ'이나 'ㄹ'로 되어 있기도 합니다. 설명이 뭐라고 되어 있습니까? 제 성경에는 이렇게 되어 있습니다.

"어떤 사본에는 9~20절까지 없음".

어떤 성경에서는 이 부분을 이렇게 설명하기도 합니다.

"권위를 인정받는 대다수의 고대 사본들은 8절에서 마가복음서가 끝남. 권위를 인정받는 한 사본은 8절 끝에 '짧은 끝맺음'을 가지고 있음. 다른 사본들은 '짧은 끝맺음'과 함께 9~20절의 '긴 끝맺음'도 함께 반영하고 있음"(새번역).

그러니까 고대의 성경 사본들을 보면 마가복음은 세 가지 형태로 끝을 맺고 있는 것입니다. 어떤 사본은 마가복음 16:8절에서 끝이 납니다. 어떤 사본은 16:8절 이하에 짧은 끝맺음을 붙였습니다. 그 내용은 이렇습니다.

"그 여자들은 명령받은 모든 일을 베드로와 그와 함께 있는 사람들에게 간추려서 말해주었다. 그 뒤에 예수께서는 친히 그들을 시켜서 동에서 서에 이르기까지 영원한 구원을 담은 성스러우며 없어지지 않는 복음을 퍼져나가게 하셨다".

그러니까 마가복음 16:9-20절까지의 말씀을 이렇게 짧게 요약해서 기록하고 끝낸 사본이 있다는 것입니다. 그리고 어떤 사본은 오늘 우리가 보는 성경대로 16:9-20절까지를 모두 기록하고 있습니다. 그것을 마가복음의 '긴 끝맺음'이라고 합니다. 그러면 어느 것이

맞을까요? 여기에 대해서 여러 이야기가 있다는 것입니다. 그런데 그 이야기들 중 그래도 우세한 이야기는 마가는 마가복음 16:8절까지만 기록했다는 것입니다. 그 후 짧은 끝맺음이 추가됐고, 또 시간이 더 지나서 긴 끝맺음이 기록되었다는 것입니다. 그렇다면 마가가 기록한 마가복음은 16:8절까지입니다. 마가복음은 원래 16:8절이 끝이라는 말입니다.

오늘 우리는 마가는 마가복음 16:8절로 그의 복음서를 마무리했다는 전제로 말씀을 봅니다.

마가는 마가복음을 16:8절까지 기록했습니다. 그런데 그렇게 보면 마가복음의 결말이 굉장히 어색합니다. 마치 이야기를 하다 만 것 같은 느낌이고, 예수님이 부활하셨는데도 거기에 대한 어떤 감격이나 기쁨 같은 것이 없습니다. 부활하신 주님께서 제자들에게 대 사명을 위임하시는 장면도 없고, 제자들이 능력 있게 주님의 부활을 전했다는 이야기도 없습니다. 그런 의미에서 마가복음의 끝은 다른 복음서와는 분위기가 많이 다릅니다.

마가복음 16:1-8절까지의 내용은 이렇습니다. 안식일이 지나서 막달라 마리아와 야고보의 어머니 마리아와 또 살로메가 향품을 가지고 예수님의 무덤을 찾아갑니다. 이 여자들은 예수님이 십자가에 달리실 때 멀리서 그 모습을 보던 사람들이고, 갈릴리에서부터 예수님을 섬기며 따르던 사람들입니다. 이 여자들은 예수님을 위해 죽겠다거나 하는 대단한 결단을 한 적은 없지만 적어도 십자가에 달리시는 예수님을 버리고 도망가지는 않았던 사람들입니다. 이들은 마지막까지 예수님이 죽으시는 모습을 바라보았고, 지금은 이미 장사지낸바 된 예수님의 몸에 향품을 바르기 위해 예수님의 무덤을 찾아나선 것입니다. 주를 위해 대단한 고백을 한 사람들은 모두 예수님을 버리고 도망갔는데 별다른 고백과 결단도 없었던 이 여자들은 예수님이 죽으신 후에도 예수님 곁에 머물고 있는 것입니다.

그러니까 우리가 신앙생활을 할 때 매일같이 새로운 결심을 하고, 대단한 결단을 하는 것이 중요한 것은 아닙니다. 작고 사소하더라도 매일 성실하게 주님이 가신 길을 따라가는 것, 그게 주를 위해 죽겠다고 결단하는 것보다 훨씬 더 나은 것일 수 있습니다. 오늘 본문의 여자들을 보면 그렇습니다.

아무튼 여자들이 안식 후 첫날 새벽에 예수님의 무덤을 찾아갔습니다. 물론 이 여자들도 예수님이 부활하셨을 것이라고는 전혀 생각하지 못합니다. 이 여자들은 예수님의 무덤으로 가면서 누가 무덤을 막고 있는 돌을 굴려줄지 고민했습니다. 그런데 그들이 무덤에 도착하자 무덤 입구를 막고 있던 돌은 이미 굴려져 있고, 예수님을 장사지낸 무덤 안에는 흰 옷을 입은 청년이 앉아 있었습니다. 거기에 예수님의 시신은 없었습니다. 그 모습을 보고 여자들은 놀랐습니다.

본문 5절에서 여자들이 놀랐다는 말을 표준 새번역 성경에서는 '몹시 놀랐다'라고 했고, 공동번역에서는 '질겁을 했다'라고 했습니다. 질겁했다는 말은 '뜻밖의 일에 자지러질 정도로 깜짝 놀라다'라는 말입니다. 그러니까 여자들은 예수님의 빈 무덤을 보고 놀라서

까무러칠 지경이 된 것입니다. 그렇지 않겠습니까? 우리가 돌아가신 아버님 산소에 갔는데 산소가 열려있고 관이 비어있다면 얼마나 놀라겠습니까? 여자들이 그랬습니다. 여자들은 예수님의 무덤에 예수님이 계시지 않은 것을 보자 질겁했습니다.

그런데 무덤에 있던 청년이 이렇게 말을 합니다.

"놀라지 말라 너희가 십자가에 못 박히신 나사렛 예수를 찾는구나 그가 살아나셨고 여기 계시지 아니하니라 보라 그를 두었던 곳이니라"(6절).

죽은 예수님이 살아나셨다는 것입니다. 이곳에 예수님이 시신이 없는 것은 그가 살아나셨기 때문이라는 것입니다. 흰 옷 입은 청년이 계속 말합니다.

"가서 그의 제자들과 베드로에게 이르기를 예수께서 너희보다 먼저 갈릴리로 가시나니 전에 너희에게 말씀하신 대로 너희가 거기서 뵈오리라 하라"(7절).

어서 가서 예수님이 부활하셨다는 소식을 베드로와 다른 제자들에게 알리라는 것입니다. 그러면서 예수님이 먼저 갈릴리로 가실 것이니 제자들도 그리로 오게 하라는 말씀입니다. 그랬더니 흰 옷 입은 청년의 말을 들은 여자들이 어떻게 했습니까? '아멘' 하고 제자들에게 뛰어간 것이 아니라 몹시 놀라 떨며 무덤에서 도망했습니다. 그리고 무서워서 아무에게도 아무 말도 하지 못했습니다. 이 부분을 공동번역은 이렇게 기록했습니다.

"여자들은 겁에 질려 덜덜 떨면서 무덤 밖으로 나와 도망쳐 버렸다. 그리고 너무도 무서워서 아무에게도 말을 못 하였다".

또 표준 새번역 성경은 이렇게 기록했습니다.

"그들은 뛰쳐 나와서, 무덤에서 도망하였다. 그들은 벌벌 떨며 넋을 잃었던 것이다. 그들은 두려워서 아무에게도 아무 말도 못하였다".

이게 끝입니다. 여기까지가 마가가 기록한 마가복음이라는 것입니다. 예수님이 부활하셨으니 분명 해피엔딩인데, 부활의 소식을 들은 여자들은 두려워 벌벌 떨면서 도망가는 것이 마가가 기록한 복음서의 마지막 모습입니다. 그러니 얼마나 허무합니까? 이후 여자들이 어떻게 했다거나, 여자들의 말을 들은 제자들이 어떻게 복음의 전사들이 되었다거나 하는 이야기가 없습니다.

한 가지 더 보면 마가가 기록한 마가복음 16:8절까지는 부활하신 예수님의 모습이 등장하지도 않습니다. 흰 옷을 입은 청년이 예수님이 살아나셨다는 것을 전하는 것이 부활의 전부입니다. 다른 복음서에는 마리아가 부활하신 예수님을 만나는 장면도 있고, 이후에 제자들이 부활하신 예수님을 만나는 장면들도 있는데, 마가가 기록한 마가복음에는 그런 내용들이 하나도 없습니다. 부활하신 예수님의 모습은 보이지 않고 예수님이 살아나셨다는 흰 옷 입은 천사들의 말만 있습니다. 마가복음 16:9-20절은 모두 후대에 기록되어 삽입된 것입니다.

마가는 그의 복음서를 왜 이렇게 끝을 냈을까요? 마가는 왜 부활하신 예수님의 모습도 기록하지 않고, 부활의 소식을 들은 여자들이 두려워 벌벌 떨면서 도망가는 연약한 모습으로 그의 복음서를 끝낸 것일까요? 마가가 성경을 기록하다 갑자기 급한 일이 있었던 것일까요? 아니면 마가가 성경을 기록하다 갑자기 죽기라도 한 것일까요?

물론 그런 것은 아닙니다. 그렇다면 마가는 마가복음을 다른 복음서와 다르게 끝낸 이유가 있을 것입니다. 그 이유가 무엇일까요? 거기에 대해서 저는 오늘 두 가지 이야기를 하려고 합니다.

첫째, 예수님이 부활하신 이후 이야기는 예수님의 제자들뿐 아니라 우리가 기록해 가야 할 이야기입니다.

제자들은 예수님이 부활하신 후 온 천하에 다니며 만민에게 복음을 전하는 자들이 되었습니다. 그들이 복음을 전할 때 많은 표적이 따르기도 했습니다. 예수님의 이름으로 귀신을 쫓아내기도 했고, 방언을 말하기도 했고, 뱀을 집어 올리며 독을 마셔도 죽지 않았고, 병든 사람에게 손을 얹으니 그들이 나았습니다. 이게 예수님이 부활하신 후 제자들이 살아간 모습입니다. 이 모습을 마가복음 16:9절 이하에 추가로 기록하고 있습니다.

그렇다면 사랑하는 성도 여러분! 우리는 어떻게 살아갈까요? 우리도 예수님이 부활하신 소식을 들었는데, 그러면 우리는 앞으로 어떻게 살아갈까요? 마가는 마가복음을 기록하면서 그 질문으로 마가복음을 끝낸 것은 아닌가 싶습니다.

사랑하는 성도 여러분! 예수님이 부활하신 후 어떻게 살 것인가는 제자들만의 몫이 아닙니다. 우리들의 몫입니다. 우리에게는 예수님이 부활하신 후 제자들이 어떻게 영웅적인 삶을 살았는가가 중요한 것이 아닙니다. 오늘 우리가 어떻게 사느냐가 중요한 것입니다. 우리는 매년 부활주일 예배를 드리는데 여러분은 지금까지 이런 고민을 한 적이 있으십니까? 우리는 매년 부활주일 예배를 드리면서 제자들이 어떻게 했는가만 생각한 것은 아닙니까? 그러나 그게 아닙니다. 오늘 우리가 어떻게 살아갈 것인지가 중요합니다. 마가는 그 몫을 우리에게 맡기고 있는 것입니다. 그래서 마가복음 16:8절로 복음서를 끝내는 것입니다. 그 이후의 이야기는 우리가 채워가라는 것입니다.

그런데 우리는 이렇게 생각할 수 있습니다. '어떻게 제자들과 우리들이 똑같을 수 있나? 제자들은 부활하신 예수님을 직접 보지 않았는가? 그들은 예수님이 죽는 것도 보았고 살아나신 것도 보았으니 우리와는 다르지 않은가?'

물론 그렇습니다. 보고 믿는 것과 듣고 믿는 것은 얼마나 다릅니까? 오죽하면 백 번 듣는 것보다 한 번 보는 것이 낫다는 말이 있겠습니까?

그런데 사실 부활하신 예수님을 직접 본 사람들은 얼마나 될까요? 고린도전서 15장 말씀에 보면 지금까지 부활하신 예수님을 직접 본 사람은 오백여 명 정도가 전부입니다. 고린도전서 15:3-8절 말씀입니다.

"내가 받은 것을 먼저 너희에게 전하였노니 이는 성경대로 그리스도께서 우리 죄를 위하여 죽으시고 장사 지낸바 되셨다가 성경대로 사흘 만에 다시 살아나사 게바에게 보이시고 후에 열두 제자에게와 그 후에 오백여 형제에게 일시에 보이셨나니 그중에 지금까지 대다수는 살아있고 어떤 사람은 잠들었으며 그 후에 야고보에게 보이셨으며 그 후에 모든 사도에게와 맨 나중에 만삭되지 못하여 난 자 같은 내게도 보이셨느니라".

예수님이 부활하시고 자기의 모습을 보여준 사람은 사도들과 오백여 형제들이 전부입니다. 이게 많다면 많은 숫자지만 지금까지 살아온 수백억, 수천억 명의 사람들에 비하면 있으나마나한 숫자 아닙니까? 그런데 지금까지 2천 년 교회사에서 예수님의 부활 소식을 전하다가 핍박받고 죽은 사람들이 얼마나 많습니까? 지금까지 수없이 많은 사람들이 예수님의 부활을 전하다가 조롱과 채찍질과 결박과 옥에 갇히는 시련을 받고, 돌로 치는 것과 톱으로 켜는 것과 시험과 칼로 죽임을 당하고, 양과 염소의 가죽을 입고 유리하여 궁핍과 환난과 학대를 받았습니다(히 11:36-37). 그렇다면 이들의 믿음은 도대체 어떻게 생긴 것입니까?

예수님이 부활하신 이후 지금까지 대부분 사람들의 믿음은 누군가로부터 전해들은 이야기에서 시작되었습니다. 모두가 예수님을 보고 믿은 것이 아닙니다. 오히려 99.9999%의 사람들이 예수님에 대해서 듣고 믿었습니다. 그래서 마가는 예수님의 부활 소식을 전하면서 부활하신 예수님의 모습은 나타내지 않습니다. 단지 예수님이 죽은 자 가운데서 살아나셨다는 소식만 전합니다. 그 소식을 들은 사람들도 처음에는 예수님의 부활을 믿지 못했지만 나중에는 예수님이 부활하셨다는 소식을 전하기 위해 자기들의 목숨을 내어

놓는 사람들이 됩니다.

그래서 오늘 하고 싶은 이야기 두 번째는 어떻게든 우리는 예수님의 부활 소식을 전하는 자들이 되어야 한다는 것입니다. 그래야 사람들이 예수님을 믿을 수 있는 것입니다.

많은 사람들이 하나님을 보여달라고 합니다. 그러면 믿겠다고 합니다. 그러나 믿음은 그렇게 생기는 것이 아닙니다. 믿음은 보면서 생기는 것이 아니라 들으면서 생기는 것입니다. 그래서 로마서 10:16절은 이렇게 기록합니다.

"그러므로 믿음은 들음에서 나며 들음은 그리스도의 말씀으로 말미암았느니라".

믿음은 보는 데서 생기는 것이 아니라 듣는 데서 생기는 것이라는 것입니다. 그래서 누군가 복음을 전하는 자들이 있어야 하는 것입니다. 그래야 누군가 복음을 듣고, 예수님을 믿을 수 있게 되는 것입니다. 그래서 로마서 10:13-15절은 이렇게 기록합니다.

"누구든지 주의 이름을 부르는 자는 구원을 받으리라 그런즉 그들이 믿지 아니하는 이를 어찌 부르리요 듣지도 못한 이를 어찌 믿으리요 전파하는 자가 없이 어찌 들으리요 보내심을 받지 아니하였으면 어찌 전파하리요 기록된 바 아름답도다 좋은 소식을 전하는 자들의 발이여 함과 같으니라".

전하는 자가 있어야 들을 수 있고, 들어야 믿음이 생기고, 그 믿음으로 주의 이름을 부르는 사람이 구원을 받는다는 것입니다.

사랑하는 성도 여러분! 우리는 지난 40일 동안 마가복음 말씀을 묵상해왔습니다. 그리고 오늘 마가복음의 마지막 부분을 보았습니다. 오늘 마가복음이 우리에게 주시는 결론은 무엇인가요?

첫째, 예수님의 부활 이후의 삶을 스스로 살아가십시오. 늘 사도들의 이야기, 혹은 다른 누군가의 이야기만 하지 마시고, 여러분의 삶을 살아가십시오.

둘째, 부활의 소식을 힘써 전하십시오. 우리가 전해야 누군가가 듣고, 복음을 들어야 믿음이 생기는 것입니다. 이 말을 달리 하면, 우리가 전하지 않으면 아무도 듣는 자가 없고, 듣지 못하면 믿음도 생기지 않는 것이라는 것입니다. 우리 주변에 구원의 역사가 일어나지 않는 것은 우리가 전하지 않기 때문입니다.

사랑하는 성도 여러분! 주님 앞에 대단한 결단을 하려고만 하지 마시고 작은 것이라도 성실히 실천하며 사십시오. 주를 위해 죽겠다는 베드로와 제자들은 모두 주를 버리고 도망갔지만 갈릴리에서부터 예수님을 섬기며 따르던 여자들은 끝까지 예수님 곁에 있었습니다. 그리고 그들이 부활하신 주님을 처음 보는 영광을 누렸고, 예수님의 부활 소식을 최초로 전하는 사람들이 되었습니다. 그러므로 때가 되면 대단한 일을 하겠다는 결심만 하지 마시고, 지금 할 수 있는 작은 일에 성실하십시오. 당장 여러분 가족에게 예수님이 부활하셨다는 소식을 전하십시오. 그리고 내일 출근해서 여러분 주위 사람들에게 그 소식을 전하십시오. 그냥 전하려면 어색하니까 계란이라도 하나 삶아 주면서 전하시고, 아니면 작은 선물이라도 준비해서 예수님이 부활하셨다는 소식을 전해보십시오. 그 말을 듣고 믿음이 생기는 사람이 있을 것입니다. 그리고 그들이 구원을 받을 것입니다.

적용 질문

우리의 믿음은 어떻게 시작되었습니까? 우리가 힘써 복음을 전하는 것이 중요한 이유는 무엇입니까?

가정예배 순서지

※ 아래의 가정예배 순서는 목사가 음성이나 영상 파일로 인도하는 예배를 기준으로 합니다. 목사가 아니라 가족 중 한 사람이 예배를 인도하는 경우에는 상황에 맞게 예배를 인도하면 됩니다.

예배로 모임

예배로의 부름 ································· 인도자와 회중

인도자: 우리 주 예수 그리스도의 은혜와 하나님의 사랑과 성령의 교통하심이
여러분 모두와 함께하시기를 기원합니다.
우리의 도움은 여호와의 이름에 있습니다.
천지를 지으신 여호와의 이름에 있습니다.

경배와 찬양 ································· 다같이

신앙고백(기도) ································· 다같이

성경읽기 ························ 막 1:35-45 ················ 인도자

[말씀봉독 후]

봉독자: 이것은 우리에게 주시는 주님의 말씀입니다.
주님께 감사합니다.

설교 ································· 설교자

교회(가정)와 세상을 위한 기도 ····················· 다같이

[교회(가정)와 세상을 위한 기도 후]

인도자: 하나님의 무한하신 평화가 교우들과 함께하시어
우리 주 예수 그리스도의 사랑 안에 항상 머무르게 하시고
전능하신 하나님 성부와 성자와 성령이 여러분 위에
임하시기를 바랍니다.

다같이: 아멘

인도자: 나가서 주님의 복음을 전합시다.
나가서 주님의 평화를 이룹시다.
나가서 주님의 사랑을 나눕시다.

주의기도 ································· 다같이